SV

Band 1384 Bibliothek Suhrkamp

Siegfried Unseld
Briefe an die Autoren

Herausgegeben von
Rainer Weiss

Mitarbeit Wolfgang Schopf

© Suhrkamp Verlag Frankfurt am Main 2004
Alle Rechte vorbehalten, insbesondere das der Übersetzung,
des öffentlichen Vortrags sowie der Übertragung
durch Rundfunk und Fernsehen, auch einzelner Teile.
Kein Teil des Werkes darf in irgendeiner Form
(durch Fotografie, Mikrofilm oder andere Verfahren)
ohne schriftliche Genehmigung des Verlages reproduziert
oder unter Verwendung elektronischer Systeme
verarbeitet, vervielfältigt oder verbreitet werden.
Druck: Nomos Verlagsgesellschaft, Baden-Baden
Printed in Germany
Erste Auflage 2004
ISBN 3-518-22384-4

1 2 3 4 5 – 08 07 06 05 04

Briefe an die Autoren

[1] *An Hermann Hesse, Montagnola*
31. Dezember 1951¹
Hochgeehrter, lieber Herr Hermann Hesse!
Am letzten Tag des Jahres möchte ich Ihnen liebe Grüße senden. Wenn ich heute zurückblicke, so hat das zu Ende gehende Jahr mir neben verschiedenen einschneidenden, familiären Ereignissen, der Tod meines Vaters, meine Hochzeit,² meine Promotion, ein besonders schönes beschert: die persönliche Begegnung mit Ihnen; mit Ihnen, lieber Hermann Hesse, dessen Werk mir ständig Antrieb und Hinweis zu Größerem und Edlerem ist. Genau vor fünf Jahren, an Weihnachten 1946, erhielt ich die erste deutsche Ausgabe des ›Glasperlenspiels‹, und das beglückende Erlebnis, das mir aus der Lektüre erwuchs, rief mich dazu auf, Ihr ganzes dichterisches Schaffen zu studieren, rief mich dazu auf, in der Auseinandersetzung mit Ihren Leiden und Ihren Nöten die meinen zu verstehen und zu lieben und sie in den Gesamtwerdeprozeß einzuordnen; und ganz allmählich lernte ich in dem oft sinnlos Einzelnen im menschlichen Raum, einen Sinn und Zusammenhang, einen höheren Willen zu erkennen. Aus dieser Erkenntnis erwuchs mir auch meine Dissertationsschrift, ›Hermann Hesses Anschauung vom Beruf des Dichters‹,³ die ich endlich heute in vier maschinenschriftlichen Exemplaren zur Versendung ans Dekanat und an Bibliotheken fertiggestellt habe. Ich denke, in dieser gewaltigen Auflage kann sie keinen Schaden anrichten!
So brachte mir das Jahr 1951 eine intensive Begegnung mit Ihrem Werk, die schöne, erinnerungswürdige Begeg-

nung mit Ihnen persönlich,[4] und in eben diesem Jahre hat sich nun entschieden, daß in Bälde eine dritte Begegnung stattfinden soll. Im November dieses Jahres traf ich mit Herrn Dr. Suhrkamp zusammen. Ich hatte mit ihm wegen der Veröffentlichung der Schrift eines Tübinger Philosophen korrespondiert.[5] Als Suhrkamp von meiner Verlagsausbildung, von meiner Dissertation und von meiner Buchhandelstätigkeit gehört hatte, bat er mich überraschend zu sich und ebenso überraschend engagierte er mich für seinen Verlag, zunächst probeweise für die Dauer eines halben Jahres. Sie, lieber Hermann Hesse, können vielleicht ermessen, wie geradezu ungeheuerlich dieses Angebot auf mich gewirkt hatte. Von Veranlagung her schon mit Leib und Seele der Verlagsarbeit zugetan, in der ich auch eine gründliche Ausbildung erfahren habe, sollte ich nun in dem Verlag mitarbeiten dürfen, der in der Fortbewahrung Ihres Werkes seine wesentliche Aufgabe hat. So war eine Überlegung nicht nötig, ich sagte zu und werde am 7. Januar die Arbeit in Frankfurt beginnen und im Hause Suhrkamp die Arbeitsgebiete »Vertrieb, Werbung, Herstellung und gelegentlich Lektorat« übernehmen. Wie Suhrkamp es sich denkt, daß eine Kraft diese großen Gebiete bewältigen kann, weiß ich nicht, aber alles wird sich ja zeigen. Er selbst hatte mir unter vier Augen erklärt, daß ich den Verlag mit einer aussichtsreichen Chance betrete, wisse er doch nicht wem er, selbst alt und krank, den Verlag einmal anvertrauen sollte.

So sieht es nun fast so aus, als wolle die dritte Begegnung mit Ihnen und Ihrem Werk sich zu meiner Lebensarbeit runden und der bisher mehr literarisch-philologische Dienst an Ihrem Werk sich zum praktisch-beruflichen Dienst erweitern. Seien Sie versichert, daß ich in dem mir

Möglichen mein Bestes gebe, um Ihr Werk, hochverehrter Hermann Hesse, in einer Weise fortleben zu helfen, die Ihnen angemessen und würdig ist.

Zu Weihnachten habe ich für meine Frau ein Aquarell von Gunter Böhmer, das Palazzo Camuzzi, erstanden, das nun neben Ihrem Bild in meinem Zimmer hängt, und mir soviel von Ihnen zu erzählen weiß, wie auch vom diesjährigen Sommer, in dem ich dies mit eigenen Augen sehen durfte, und vom diesem nun zu Ende gehenden Jahr 1951, das mir so schöne Begegnungen mit Ihnen brachte.

Ich sende Ihnen und Ihrer verehrten Gattin heute herzliche Grüße und Wünsche zum neuen Jahr. Mögen Sie sich in guter Gesundheit der »Reife und Ernte«[6] erfreuen können.

Auch im Namen meiner Frau grüßt Sie heute herzlich der Ihnen stets ergebene Siegfried Unseld

1 S. U. schrieb diesen Brief in Ulm, der Absendeort aller weiteren ist, wenn nicht anders angegeben, Frankfurt am Main.
2 Ludwig Unseld starb am 26. Juli 1951; S. U. und Hildegard Schmid heirateten am 14. April 1951 in Ulm.
3 S. U. begann im Oktober 1946 eine Lehre als Buchhandelsgehilfe im Ulmer Aegis Verlag, die er mit der Prüfung am 27. November 1947 abschloß. Ab dem Wintersemester 1946/1947 studierte er an der Eberhard-Karls-Universität Tübingen u. a. Literaturgeschichte und Philosophie. Parallel zum Studium arbeitete er vom 1. Januar 1948 bis zum 31. Oktober 1949 beim Tübinger Verlag J. C. B. Mohr (Paul Siebeck). Sein Rigorosum absolvierte er am 24. Juli 1951, die Promotionsurkunde ist auf den 7. Januar 1952 datiert, Doktorvater war Friedrich Beißner.
4 Über die Begegnung mit S. U. im August in Bern schrieb Hermann Hesse am 31. d. M. an Eugen Zeller, einen Bekannten, der bei Ulm wohnte und Deutschlehrer von S. U. gewesen war: »Und am

Sonntag erschien, während wir beim schwarzen Kaffee sassen, ein
junger Fremder, der kam aus Ulm und hiess Unseld, es war nett, er
gefiel uns gut.«
5 S. U. schlug Peter Suhrkamp in seinem Brief vom 3. Oktober
1951 Wilhelm Weischedels Essay *Vom Wesen der Kunst* zur Publikation vor. Der Plan wurde nicht realisiert.
6 Möglicherweise eine Anspielung auf den gleichnamigen Liederzyklus des schwäbischen Komponisten Joseph Haas, der u. a. Gedichte von Hermann Hesse vertonte.

[2] *An Martin Walser, Korb im Remstal*

25. August 1953

Lieber Herr Walser –
Herr Suhrkamp gab mit heute Ihren Brief vom 22. August zur Kenntnis.[1] Ich möchte ihn aber doch, gewissermaßen »privat« beantworten.
Zunächst: Ich habe mich sehr gefreut, daß ich Ihnen auf diese Weise wieder begegnet bin. Es ist an sich nicht üblich, Autoren verlagsinterne Gespräche mitzuteilen, ich möchte dies aber doch tun, setze dabei Ihr Vertrauen voraus. Podszus erzählte mir gleich nach der Gruppentagung von Ihrem Vorlesen.[2] Er war überrascht, daß ich Sie schon von der Beißnerei her kannte.[3] Er übergab mir Ihr Manuskript, ohne sich vorher zu äußern. Unsere Entscheidungen stimmten aber völlig überein. Wir beide waren außerordentlich erfreut über Ihr ›Gerät‹; es steht turmhoch über all den Einsendungen, die wir im Lektorat über uns ergehen lassen müssen. Ich selbst las das Manuskript in einem Zuge durch. Mich packte die durchgehaltene Erzählform, der durchgehaltene Erzählton. Der gedank-

liche Gehalt schien mir noch nicht ganz ausgegoren zu sein, ich fand die Konzeption aber äußerst bemerkenswert. Es ist Podszus und mir nicht gelungen, Herrn Suhrkamp umzustimmen, obschon es harte Diskussionen gab. Ich persönlich möchte auch äußern, daß ich nicht ganz mit dem einverstanden bin, was Suhrkamp Ihnen schrieb. Aber vielleicht hat er – Suhrkamp – doch den größeren und wesentlicheren Blick. Wenn Sie sich in diese Entscheidung fügen können mag sie ihre Richtigkeit haben.

Ich möchte Ihnen aber doch gut zureden, im Schreiben fortzuwirken. Ich halte das ›Gerät‹-Manuskript auch gar nicht für so hoffnungslos. Jedenfalls möchte ich Sie freundlichst bitten, mir eine kurze Nachricht zugehen zu lassen, falls Sie das Manuskript einem anderen Verlag anbieten wollen.[4] Sollten Sie der Meinung sein, daß Sie es doch noch überarbeiten wollten, so schicken Sie uns ruhig das neue Manuskript wieder zu. Wir sind nach wie vor am ›Gerät‹ interessiert. Ich erzählte heute Suhrkamp, als er mir Ihren Brief gab, daß mich das ›Gerät‹ so intensiv beschäftigte, daß ich jetzt noch, nach über vier Wochen oftmals nachts daran denke.

Ich würde mich sehr freuen, wenn Sie mir gelegentlich schrieben, welche Pläne Sie vorhaben, was Sie tun oder tun wollen. Noch schöner wäre es natürlich, Sie könnten einmal hier aufkreuzen.

Ich hoffe sehr, wieder von Ihnen zu hören.

Herzlich grüßt Sie

Ihr Siegfried Unseld

---

1 Martin Walser antwortete auf einen Brief Peter Suhrkamps vom 2. Juli 1953, in dem es heißt, die Walsersche Erzählung *Das Gerät* sei gelobt worden »durch einen Studiengenossen von Ihnen aus Tübin-

gen, Herrn Dr. Unseld, der auch Ihre Erzählung im Manuskript gelesen hatte«. Suhrkamp lehnte die Publikation der Erzählung ab, da in ihr »doch der Gestus von Kafka, wie Sie ihn aufgefaßt haben, noch zu sehr vor[waltet]«. Walser akzeptierte im genannten Brief die Ablehnung.
2 Zur Gruppe 47 stieß Martin Walser 1953, er las auf dem Treffen vom 22.-24. Mai 1953 in Mainz aus *Das Gerät*. Friedrich Podszus war von 1950 bis 1956 Lektor im Suhrkamp Verlag.
3 Martin Walser promovierte 1951 ebenfalls bei Friedrich Beißner mit einer Arbeit über Franz Kafka, *Beschreibung einer Form*.
4 Ein Publikationsversuch anderen Ortes blieb aus.

[3] *An Hans Magnus Enzensberger, Stranda*

25. Juni 1957

Lieber Herr Enzensberger,
heute hat bei uns die Besprechung mit Herrn Dr. Suhrkamp stattgefunden, in der wir nochmals über das uns von Ihnen vorgelegte Lyrikmanuskript gesprochen haben. Als definitives Ergebnis dieser Besprechung wurde die Annahme Ihres Manuskriptes beschlossen. Wir möchten Ihre Lyrik also möglichst schon im Herbst dieses Jahres herausbringen.[1]
Sie haben in Ihren Gedichten das ausgesprochen, was uns heute bewegt, wogegen wir angehen und wofür wir eintreten müssen. Wir freuen uns herzlich, daß wir die Möglichkeit haben, Ihr Buch »zu machen« und herauszubringen, und versprechen Ihnen, daß wir uns aus unserer Zuneigung heraus mit Vehemenz für das Buch verwenden werden. Der Entschluß zur Publikation Ihres Gedichtmanuskriptes ist ein Entschluß zum Autor Enzensberger.

Uns läge also daran, Sie überhaupt in unser Verlagsschiff zu übernehmen und Sie zu bitten, auch in Zukunft mit uns zu manövrieren. Wir würden also in den Vertrag über Ihren Lyrikband auch eine Option für das nächste oder die beiden nächsten Bücher aufnehmen. Wir hoffen Sie damit einverstanden.

Noch glimmt da ein kleiner Unsicherheitsfunke: die Fama sagt, man hätte Ihnen einen Lektoratsposten im Haus Fischer angeboten. Wir dürfen und wollen uns natürlich nicht in Ihre Entscheidungen drängen, müssen aber doch sagen, daß es auch für Ihre Position dort unangenehm wäre, wenn bei uns Ihre Lyrik und weitere Publikationen erschienen. Aber vielleicht trügt hier das Gerücht, oder Sie haben sich auch schon entschieden. Ich wäre Ihnen dankbar, wenn Sie mich hierüber informieren würden.[2]

Über die anderen Punkte werden wir uns verständigen. Zusammen mit Dr. Höllerer wollen wir dann nochmals Ihr Manuskript prüfen und jedes Gedicht nochmals auf die kritische Waage legen.

Aber darüber werden wir uns leicht einigen. Ich hoffe, unser Entschluß freut Sie so, wie er mich freut.

Mit herzlichen Grüßen
bin ich Ihr Siegfried Unseld

---

1 Hans Magnus Enzensberger, *Verteidigung der Wölfe*, erschien am 23. November 1957.
2 Das Gerücht um eine mögliche Anstellung im Lektorat des S. Fischer Verlags war Hans Magnus Enzensberger unbekannt.

[4] *An Ernst Bloch, Leipzig*

2. Dezember 1958

Verehrter Herr Professor Bloch,
ich darf Ihnen im Auftrag von Herrn Dr. Suhrkamp, der sich heute einem operativen Eingriff unterziehen muß,[1] herzlich für Ihren Brief vom 27. November danken und Ihre Zusage zur Edition von ›Prinzip Hoffnung‹ in unserem Verlag von unserer Seite aus verbindlich bestätigen.[2] Für uns ist es nicht nur eine Freude und Ehre, Ihr Werk herausgeben zu dürfen, sondern, und dies möchte ich Ihnen heute ausdrücklich schreiben, wir sehen darin eine uns wichtige und notwendige Aufgabe, und Sie dürfen überzeugt sein, daß wir uns ihr mit all unseren Kräften widmen werden. Diese konzentrierte Bemühung wird, das ist unsere Meinung, Ihrem Werk ein Echo verschaffen, wie es so intensiv nicht leicht einem anderen Verlag hier gelingen könnte. Wie werden also alles daran setzen, daß Sie Ihre Entscheidung und Wahl nicht zu bedauern haben werden. Ich darf für meinen jetzigen Brief die Frage nach dem Format, der Schrift und dem Schriftgrad, wie auch der Erscheinungsweise vorläufig suspendieren. Es wäre uns nur angenehm, wenn Sie uns die Bände 1 und 2 zuschicken könnten. Die uns vorliegenden Bände, die aus Privatbesitz oder Bibliotheken entliehen sind, können wir nicht als Satzvorlage benützen. Wir wären Ihnen dankbar, wenn Sie uns die beiden Bände dann sogleich in der textlichen Form zuschicken würden, in der Sie die Neuauflage bei uns wünschen.

An den Aufbau-Verlag schreibe ich heute gleichzeitig und schicke Ihnen in der Anlage eine Kopie.

Ich hoffe Sie mit diesem Vorgehen einverstanden. Es scheint uns richtig, zunächst die Frage der Lizenz zu klären, die ja in unserem Vertrag wohl mitbedacht werden muß.[3]

Ich darf Sie auf das Ergebenste grüßen und Ihnen auch von den Herren Boehlich und Dr. Guggenheimer, denen ebenfalls Ihre Entscheidung eine besondere Genugtuung war, beste Grüße übermitteln,

Ihr Siegfried Unseld

---

[1] Peter Suhrkamps Herz- und Lungenerkrankungen gingen auf die Haft in Gestapo-Gefängnissen und im Konzentrationslager Sachsenhausen zurück (13. April 1944 bis 8. Februar 1945). Er lag vom 1.-19. Dezember 1958 im Elisabethen-Krankenhaus, Frankfurt am Main.

[2] Ernst Bloch, *Das Prinzip Hoffnung*, erschien 1959/60 zweibändig im Suhrkamp Verlag; der Ost-Berliner Aufbau-Verlag hatte 1954-1959 eine dreibändige Ausgabe gedruckt.

[3] S. U. richtete sein Schreiben vom 2. Dezember 1958, in dem es um die Frage einer Lizenz vom Aufbau-Verlag oder einem eigenen Vertrag mit Ernst Bloch ging, an Klaus Gysi. Es folgten ein Jahr während Verhandlungen, an deren Ende die Übereinkunft stand: »Sie liefern Ihre Ausgabe in der DDR und im östlichen, wir in der Bundesrepublik und im westlichen Ausland aus.« (S. U. an Klaus Gysi, 24. November 1959)

[5] *An Theodor W. Adorno, Frankfurt am Main*

8. April 1959

Verehrter, lieber Theodor W. Adorno,

Ihnen darf ich es sagen: als ich eben, in der Stille und Konzentration des Mittags Ihre Hommage à P. S. las, da habe ich geweint.[1] Geweint, weil mir mit blitzartiger Helle deutlich zu werden schien, daß die Aufgabe, diese Verpflichtung zu wahren, einfach zu groß für mich sei, geweint auch, weil ein jähes Gefühl von Dankbarkeit Suhrkamp gegenüber in mir hochschoß, Dankbarkeit, daß er meinen Schultern den Atlas seines Werkes zu tragen zutraute. Der Umsturz dieser letzten Tage lähmte oft Bewußtsein und Gefühl, Ihr Text durchstach einen Bann.

Acht Jahre lebte ich neben ihm, und ein Zug an ihm ist mir jetzt erst bei der Lektüre Ihrer Worte aufgegangen: das, was ich in mir an ihm als die »Blut- und Bodenecke seines Herzens« kritisierte, zeigt sich mir jetzt in einem anderen Licht, und wie wesenhaft gehörte es ihm an.

Ihre Worte, lieber Professor Adorno, sind von großer Art. Es hatte ja keines letzten Beweises mehr bedurft, und doch möchte ich Ihnen sagen, daß Ihnen dieses Gedenken unvergessen ist. Die Treue, die Sie Suhrkamp gegenüber empfinden, wird auch die Treue des Verlages Ihnen gegenüber sein. Solange ich seine Leitung habe wird er auch in Zukunft mit Leidenschaft und Intensität für Ihr Werk eintreten.

Ihr Ihnen sehr verbundener
Siegfried Unseld

Besonderen Dank für die Überlassung des Originalmanuskriptes, das mir wertvoll bleiben wird.

1 Peter Suhrkamp starb am 31. März 1959 im Frankfurter Universitätsklinikum an Herzversagen. Theodor W. Adorno, *Dank an Peter Suhrkamp*, erschien am 9. April 1959 in der *Frankfurter Allgemeinen Zeitung* sowie zum Jahresende in dem Privatdruck *In Memoriam Peter Suhrkamp*, hg. von S. U. (Vgl. Adorno, *Gesammelte Schriften*, Bd. XX/2, S. 487-492.) Erstdruck dieses handschriftlichen Briefs in: *»So müßte ich ein Engel und kein Autor*

sein«. Adorno und seine Frankfurter Verleger. Der Briefwechsel mit Peter Suhrkamp und Siegfried Unseld, hg. von Wolfgang Schopf, Suhrkamp Verlag, Frankfurt am Main 2003, S. 312.

[6] *An Uwe Johnson, West-Berlin*

13. Juli 1959[1]

BEGRUESSE SIE HERZLICH. STEHE IHNEN JEDERZEIT ZUR SEITE. FAHNENKORREKTUREN SONNABEND AN FRANCK ABGEGANGEN.[2] FREUNDSCHAFTLICH = UNSELD

1 Telegramm
2 Die Korrekturen betreffen *Mutmassungen über Jakob*, das Buch erschien am 30. September 1959. Margarete Franck leitete die Berliner Niederlassung, die der Verlag bis 1959 unterhielt. Vgl. den Kommentar zum Erstdruck dieses Telegramms in: *Uwe Johnson – Siegfried Unseld. Der Briefwechse*l, hg. von Eberhard Fahlke und Raimund Fellinger, Suhrkamp Verlag, Frankfurt am Main 1999, S. 7.

[7] *An Wolfgang Hildesheimer, Poschiavo*

28. Januar 1960

Lieber Herr Hildesheimer,
ich bin eben auf dem Sprung zur Premiere Eliot ›Ein verdienter Staatsmann‹ nach Köln,[1] möchte Ihnen aber vorher noch für Ihren liebenswerten Brief vom 25. Januar danken. Ich kann es kurz machen, weil ich annehme, daß die Direktoren der von Ihnen freundlich zitierten Firma

Enzensberger & Braun sicherlich Ihnen von sich aus schreiben werden.[2] Ich habe mit größter Freude vernommen, daß Sie Ihren Fernsehplan jetzt in den Schornstein warfen.[3] Glücklicherweise wissen die Manager des Fernsehens nicht, wieviel ich ihnen schon verdorben habe. Auch Koeppen habe ich entschieden von einem Fernsehspiel abgeraten. Die Verhältnisse beim Fernsehen sind gegenwärtig derart, daß man wirklich jedem abraten muß, sich in irgendeiner Form zu engagieren.

Es sollte mich also sehr freuen, wenn Sie jetzt an eine Bearbeitung von Sheridan ›The Rivals‹ gingen. Ich selbst kenne das Stück nicht, Herr Boehlich hat mich jedoch dahingehend instruiert, daß wir sicher sein könnten, daß das Stück in Ihrer Bearbeitung aufs neue erblühe. Selbstverständlich sichern wir Ihnen zu, diese Tatsache keinesfalls vor Juni bekanntzugeben. Irgendwelche Konkurrenz brauchen wir ja wirklich nicht zu fürchten. Ohnehin wird die Tatsache, daß Ihre Bearbeitung dann bei uns erscheint, schon Furore machen.[4]

Ich werfe jetzt aber doch wiederum die materielle Seite unserer Verbindung auf; denn nun können Sie ja mit den Fernseheinnahmen nicht rechnen. Bitte schreiben Sie mir, ob Sie einen Vorschuß auf diese Bearbeitung haben möchten oder ob Ihnen eine monatliche Zahlung, die dann auf andere Arbeiten angerechnet würde, lieber wäre.

Bei Djuna Barnes' ›The Antiphon‹ werden wir ganz nach Ihrem Vorschlag verfahren.[5] Es mag sein, daß ich im Laufe des Februars nach London reisen muß. Ich nehme dann Gelegenheit, dies an Ort und Stelle mit Faber and Faber zu besprechen. Freilich sehe ich, nachdem der S. Fischer Verlag die Aufführungsrechte schon erworben hat, wenig Möglichkeit zum Eingreifen.

Ihren Verzicht auf die Übersetzung von ›The Beggar's Opera‹ respektiere ich,[6] vor allem natürlich im Hinblick auf Ihre eigenen Pläne. Ich nehme an, daß Ihnen darüber aber Enzensberger nochmals schreiben wird.
So viel für heute. Ich bin mit herzlichen Grüßen
Ihr Siegfried Unseld

1 Das Stück erschien in der Übertragung von Erich Fried am 11. November 1959. Bei der deutschen Erstaufführung an den Bühnen der Stadt Köln am 29. Januar 1960 führte Oscar Fritz Schuh Regie.
2 S. U. zitierte aus dem genannten Brief von Wolfgang Hildesheimer, den dieser an den »Generaldirektor« des Unternehmens richtete, obwohl sein Inhalt vor allem die »Firma Enzensberger & Braun«, also Lektorat und Theaterabteilung, betreffe.
3 Wolfgang Hildesheimer hatte die vertragliche Option, für den Südwestfunk ein Fernsehspiel zu schreiben.
4 Wolfgang Hildesheimers Sheridan-Adaption unter dem Titel *Rivalen* wurde am 18. Oktober 1961 an den Städtischen Bühnen Münster uraufgeführt, Regie führte Alfred Erich Sistig. Zu einer Buchausgabe kam es nicht.
5 Wolfgang Hildesheimer legte 1959 im Pfullinger Neske Verlag die Übersetzung von Djuna Barnes, *Nachtgewächs,* vor und war für die Übertragung von *The Antiphon* angefragt. Sein Vorschlag lautete, gegenüber der Autorin und dem englischen Verlag zu betonen, daß er nunmehr nur für im Suhrkamp Verlag erscheinende Barnes-Übersetzungen zur Verfügung stehe. *Nachtgewächs* erschien bei Suhrkamp am 6. Oktober 1971 als Band 293, *Antiphon* am 6. April 1972 in der Übersetzung von Christine Koschel und Inge von Weidenbaum als Band 241 der Bibliothek Suhrkamp.
6 Nach der Absage von Wolfgang Hildesheimer wurde der Plan einer Übersetzung von John Gays Bettlerloper aufgegeben.

[8] *An Karl Krolow, Darmstadt*

15. November 1960

Lieber Herr Krolow,

das vergangene Wochenende habe ich mit der Lektüre Ihrer Vorträge zugebracht und dann am gestrigen Abend über die Eindrücke meditiert.[1] Man soll ja das Selbstverständliche und auch Unnötige nicht ungesagt sein lassen, und so will ich Ihnen gerne schreiben, daß mir vieles in Ihrer Darlegung sehr sympathisch war, allem voran war es natürlich die von Ihnen gezeigte Stellung, die jene Dichter, die wir hier bei uns herausbringen, in Ihrem Vorstellungskreis und in der von Ihnen konzipierten Literaturlandschaft einnehmen. Sie bringen für Ihre Leser und Hörer viele Einsichten, auch einige den Tatbestand blitzartig erhellende Formulierungen, wie etwa jene, in der Sie das politische Gedicht als das öffentliche kennzeichnen. Ich glaube, diese Prägung wird bestehen bleiben, eben weil sie einen Tatbestand richtig bezeichnet, sie wird dadurch geschichtlich werden, und man wird von nun an, bei der Darstellung dieses Phänomens, Sie in dieser Markierung zitieren müssen. Ich sah auch jenen roten Faden Ihrer Grundthese, der sich durch die Arbeiten zieht, nämlich Ihre These vom Rückzug des Menschen aus dem modernen Gedicht. Insofern hängen Ihre Arbeiten eng zusammen.

Und doch, lieber Herr Krolow, bin ich nach reiflicher Überlegung zu dem Ergebnis gekommen, daß es nicht richtig ist, diese Vorträge in der Reihe ›suhrkamp texte‹ zu veröffentlichen.[2] Dafür gibt es Gründe, die ich Ihnen, weil wir ja als Autor und Verleger zusammen bleiben wollen, ganz offen nenne.

Zum ersten ist das Umfangsproblem diffiziler, als ich es

mir nach dem, was Sie mir sagten, vorstellte, diffiziler auch als beim Anhören Ihrer ersten Vorlesung, wo sich für mich das Problem ausschließlich auf eine mögliche Konzentration zuspitzte. Diese Konzentration ist aber durch ein Beschneiden von Wiederholungen, Überlappungen und von eventuellen Exkursen nicht möglich. Ihre Texte sind sehr fein gesponnen. Ihre Substanz liegt in der Summe und Nuancierung der Teile, nimmt man solche Einzelteile weg, wird das Ganze nicht konzentrierter, sondern eher noch undichter und weniger stringent.

Der zweite Grund hängt ebenfalls mit der Struktur des Textes zusammen. Ich mußte einsehen, daß Sie hier eine Rede, eben eine Rede und keine »Schreibe« verfertigt haben. Das scheint eine simple Einsicht, denn wir beide kannten ja von Anfang an den Zweck der Sache, aber was für den Hörer rezipierbar ist, ist es nicht in gleicher Weise für den Leser. Der Leser fordert noch anderes. In diesem Zusammenhang habe ich auch über Ihre Interpretationsweise nachgedacht. Ich könnte mir vorstellen, daß der Leser enttäuscht sein wird, wenn er Ihre Analysen zu den vorgetragenen Gedichten liest. Für Ihre Hörer aber bedeutet die Art und Weise der Zitierung der Gedichte bereits Interpretation, für sie ist es dann weit weniger wichtig in der nachfolgenden Analyse wirklich Entscheidendes in den Text eingeführt zu sehen.

Mein drittes Argument zielt auf den unterschiedlichen Charakter der einzelnen Arbeiten. Sehr angenehm, ja sehr wesentlich schien mir Ihre Darstellung des zeitgenössischen Liebesgedichtes. Hier ist es Ihnen gelungen, Ihre eigene poetische Auffassung in den Text einfließen zu lassen. Wie anders ist dies bei den Naturkapiteln und bei dem öffentlichen Gedicht. Bei der Naturlyrik stellen Sie, sowohl von der Theorie, wie auch von der Praxis her, alles auf Wilhelm Lehmann ab und so ist er der alleinige Bezugspunkt für Ihre Darstellung. Von ihm aus sehen Sie Loerke und von ihm aus auch Eich, und hier sind, nach meinem Urteil wenigstens, die Akzente nicht eindeutig gesetzt. Ich glaube, daß sich Eich in diesen Zusammenhang nicht mehr stellen läßt, jedenfalls ist sein Gedicht fast ausschließlich auf den Menschen bezogen.

Mit besonderer Anteilnahme las ich Ihre vierte Vorlesung über das öffentliche Gedicht. Ich war sehr überrascht, in diesem Zusammenhang MacLeish zu finden, der nicht als Repräsentant der politischen Lyrik gelten kann, während die Rolle, die Brecht spielt, nicht deutlich genug dargestellt ist.

Dabei bin ich nun schon bei meinem vierten Gesichtspunkt. Ich sehe deutlich Ihre Grundthese, aber es ergibt sich die Frage, ob ihr nicht doch eine andere Basis hätte gegeben werden müssen. Sie sehen eben diese angegebenen kategorialen Möglichkeiten für das moderne Gedicht. Wenn diese zutreffen – Sie durften sie durchaus mit Recht und Fug aufstellen –, dann wird es sich nicht so sehr um extreme, sondern um überlagernde Schichten handeln. Konkret gesagt, der Aufweis des spielerischen Charakters eines Gedichtes dürfte nicht nur an Hand von Beispielen von Arp gezeigt werden, sondern sollte weiter angelegt werden, wobei es sicherlich garnicht schwer sein dürfte, diesen spielerischen Charakter etwa bei Brecht oder bei Alberti zu finden.

Man hat also den Eindruck, daß Sie Ihr Thema auf eine zu schmale Basis stützten, die die Grundthese nicht trägt.

Ich hoffe, Sie nehmen diese Anmerkungen so wie sie gemeint sind auf, nämlich als Erklärung dafür, daß ich persönlich es nicht richtig finde, Ihre Vortragstexte bei uns zu drucken und herauszugeben, sie wollen nichts gegen die Vorträge als solche, die anderen Gesetzen unterliegen, aussagen.

Ich wollte Ihnen auch sagen, daß ich mich nicht leichtfertig entschlossen habe, ja daß es mir lieber und auch einfacher gewesen wäre, Ihre Texte nach einer gewissen Redaktion herauszugeben. Aber ich glaube, daß es hier nicht möglich ist.

Sollten Sie die Texte etwa doch im Fischer Verlag herausgeben wollen, werde ich dagegen nichts einwenden.[3] Ich möchte Sie nur bitten, den Vertrag darüber vorsichtig abzufassen und sich auf keinerlei weitere Optionsbindungen einzulassen, da ich, das wissen Sie selbst, nach wie vor an Ihrer poetischen Produktion aufs höchste interessiert bin.

Mit freundlichen Grüßen bin ich
Ihr ergebener Siegfried Unseld

Anlage (Universitätsvorträge)

1 Karl Krolow hatte im Wintersemester 1960/61 die dritte der 1959 gegründeten Gastdozentur für Poetik an der Johann Wolfgang Goethe-Universität inne. Sein Thema: *Fragen zeitgenössischer Dichtung.*
2 Die Reihe suhrkamp texte wurde 1960 ins Leben gerufen, sie ging 1963 in der edition suhrkamp auf. Von Karl Krolow erschienen am 3. April 1962 als suhrkamp texte 11 *Ausgewählte Gedichte.*
3 Karl Krolow, *Aspekte zeitgenössischer deutscher Lyrik*, erschien 1961 im Verlag Mohn, Gütersloh.

[9] *An Hermann Kasack, Stuttgart*

15. Dezember 1960

Lieber Herr Kasack,

schönsten Dank für Ihren Brief vom 12. Dezember. Ich werde Sie in Kürze einmal abends anrufen, zumal ich ein »Anliegen« vorzubringen habe.

Sieburgs Walser-Besprechung: Ja, er muß es uns erst einmal vormachen, daß ein Genie der deutschen Sprache nun eben doch nicht erzählen, darstellen und beschreiben kann.[1] Und hat er, der jahrelang zu den größten Verbrechen zumindest schwieg, wenn er sich nicht durch Nichtschweigen geradezu beteiligte, das Recht, solche Taktfragen aufzuwerfen?

Ich schicke Ihnen anbei eine Liste von Buchhändlern, die sich sicher freuen werden, Ihren Weihnachtsglückwunsch zu erhalten.[2]

Ihre Anregung, daß die Mitarbeiter des Verlages, die Briefe unterzeichnen, ihren Namen in Maschinenschrift beigeben sollen, werde ich gern aufnehmen.

Das Manuskript von Deschner bestelle ich sofort.[3]

Herzlich grüßend

Ihr Siegfried Unseld

P. S.

Die Adresse Walsers ist: Friedrichshafen/Bodensee, Zeppelinstraße 18.

---

1 Am 29. September 1960 erschien Martin Walsers Roman *Halbzeit*. Die *Frankfurter Allgemeine Zeitung* druckte am 3. Dezember 1960 einen Verriß: Friedrich Sieburg, *Toter Elefant auf einem Handkarren*. S. U. erwähnt einen Widerspruch in Sieburgs Kritik, der schrieb: »Walser kann weder beschreiben noch darstellen, er kann weder erzählen noch Zusammenhänge bilden, ja, er, der Erz-

gescheite, kann nicht einmal Probleme ausbreiten, aber er ist der Sprache mächtig wie kein anderer Schriftsteller seiner Generation.«
2 Die Anlage ist nicht ermittelt. Hermann Kasack schlug S. U. in seinem Schreiben vom 12. Dezember 1960 vor, seitens des Verlags von den leitenden Mitarbeitern gegengezeichnete Exemplare seines Neujahrsgrußes an ausgewählte Buchhändler zu schicken.
3 Karlheinz Deschners Kritik an Max Frisch liegt in einer Druckfassung vor: *Max Frisch. ›Stiller‹ und andere Prosa*, in: Karlheinz Deschner, *Talente, Dichter, Dilettanten*, Limes Verlag, Wiesbaden 1964, S. 124-155.

[10] *An Hans Erich Nossack, Aystetten*

27. März 1962

Lieber Herr Nossack,
ich weiß nicht, ob Sie sich noch in südlichen Regionen aufhalten, vermute dies freilich, nachdem ich erst gestern einen Bericht Ihres Abends in der Deutschen Bibliothek in Rom erhalten habe.[1] Wenn Sie zurückkehren, soll Sie aber diese Nachricht erreichen:
Schon lange beschäftige ich mich mit der Möglichkeit, einmal einen Band Ihrer gesammelten Erzählungen herauszugeben. Wir haben darüber ja auch schon gesprochen. Ich glaube, die beste Möglichkeit wäre, diesen Band als billige Sonderausgabe innerhalb der Reihe der Bücher der Neunzehn herauszugeben.[2] Die achtzehn Verlage werden nicht glücklich sein, wenn ich wieder mit einem relativ schwierigen Titel komme, nachdem ich ihnen eben eine Auswahl aus dem Werk von Walter Benjamin präsentiert habe, aber darum kümmere ich mich nicht.[3] Wir haben aber für Ihren Band die Werbewirksamkeit der Bücher der Neunzehn hinter uns. Ich werde innerhalb der Bücher

der Neunzehn wieder im nächsten Februar an der Reihe sein. Das würde bedeuten, daß wir den Band im Sommer herstellerisch planen und ihn auch bereits durch unsere Vertreter auf der Herbstreise anbieten lassen müssen. Bitte schreiben Sie mir, wie Sie zu diesem Plan stehen. Damit nähmen wir also die einzelnen Erzählungen aus dem Band ›Spirale‹ heraus (mit Ausnahme der ›Unmöglichen Beweisaufnahme‹, die wir doch nicht doppelt bringen sollten. Man kann im Band ja auf die Ausgabe in der Bibliothek Suhrkamp hinweisen) und stellen zu ihnen die frühen Erzählungen und auch die jüngsten Texte, also die ›Kostenrechnung‹ und ›Ameisen, Ameisen‹ und ›Ein Sonderfall‹. Bitte schreiben Sie mir, was Sie dazu meinen.
Mit herzlichen Grüßen
Ihr Siegfried Unseld

P. S.
Ihre angebliche Äußerung, wonach wir Sie mit der Ablieferung des ›Aufstandes‹ zu sehr bedrängt hätten, zieht immer weitere Kreise. In einer Rezension der Briefe von Thomas Wolfe am vergangenen Sonnabend in der ›Welt‹ schrieb Manfred Delling:[4] »Ein Problem übrigens, das nicht unaktuell ist. Der deutsche Schriftsteller Hans Erich Nossack bekannte kürzlich einer Zeitung, sein Verlag habe ihn zur Veröffentlichung seines letzten Buches ›Nach dem letzten Aufstand‹ so gedrängt, daß er es unfertig aus den Händen gegeben habe.« – Ich glaube, wir müssen etwas zur Richtigstellung unternehmen.[5]

1 Hans Erich Nossack notierte zum 16. März 1962 in Rom: »Dann meine Lesung in der Deutschen Bibliothek. Gut besucht.« (Vgl. Hans Erich Nossack, *Die Tagebücher 1943-1977*, Suhrkamp Verlag, Frankfurt am Main 1997, Bd. 1, S. 499.)

2 Die Sammlung erschien am 1. Februar 1963 unter dem Titel *Begegnung im Vorraum* als Band 97 der Bücher der Neunzehn. Mit dieser Reihe von preiswerten und gut ausgestatteten Sonderausgaben in hoher Auflage steuerte ein Zusammenschluß von neunzehn Verlagen von 1954 bis 1972 dem Markteinfluß der Buchgemeinschaften entgegen.
3 Walter Benjamin, *Illuminationen. Ausgewählte Schriften*, hg. von Siegfried Unseld, Die Bücher der Neunzehn Band 78, wurde am 18. Mai 1961 ausgeliefert.
4 Manfred Delling, *Das kurze, heftige aufrichtige Leben des Thomas Wolfe*, in: *Die Welt*, 24. März 1962.
5 Hans Erich Nossack, *Nach dem letzten Aufstand*, erschien am 2. Oktober 1961. Nossack schrieb S. U. am 29. März 1962, er habe lediglich im Frühjahr 1961 gegenüber Redakteuren einen Beitrag mit der Begründung abgelehnt, zuerst das Buchmanuskript fertigstellen zu müssen. Daraufhin plädierte S. U. dafür, die Angelegenheit »auf sich beruhen« zu lassen, sollte das Gerücht nicht höhere Wellen schlagen (S. U. an Nossack, 5. April 1962).

[11] *An Nelly Sachs, Bromma-Stockholm*

30. Mai 1962

Verehrte, liebe Frau Sachs –
ich fuhr einmal mit meinem Auto, in dem meine Frau und mein achtjähriger Junge saßen, auf den sonnigen Straßen der Bretagne. Plötzlich lief eine Maus von der rechten auf die linke Straßenseite. Ich bremste heftig, um das Tierchen am Leben zu lassen. Mein Junge rutschte etwas unsanft vom Rücksitz herab, meine Frau konnte ich vom Vorfallen gegen die Windschutzscheibe abhalten. Danach ergaben sich lange Diskussionen, welche Art Leben zu schonen sei, und wenn ich jetzt hart bremse, wirft mir

mein Sohn immer etwas zynisch entgegen: »Mußtest Du wieder eine Maus retten?«
Nun, bei Ihnen war es keine Maus, sondern die schwarze Katze. Hoffentlich haben Sie jetzt den Unfall schon wieder überstanden. Ich hoffe, meine Geschichte tröstet Sie auch ein wenig.[1]
Haben Sie Dank für Ihren Brief vom 30. April. Seit zwei Tagen halte ich das von Enzensberger zugegangene Manuskriptkonvolut in Händen.[2] Ich habe immer wieder darin gelesen. Es sind ganz und gar ungewöhnliche Texte mit vielen schönen und herrlichen sprachlichen Passagen. Freilich, der Kreis, den wir mit der Publikation erreichen können, wird klein sein. Aber er wird um so wirkungsreicher sein. Ich freue mich sehr, das Buch im Herbst herausgeben zu können.
Ein wenig enttäuschte mich Ihre Entscheidung im Hinblick auf den ›Abram im Salz‹. Bitte, leiten Sie mir die neue Fassung so bald wie möglich zu. Ich möchte jetzt nach meiner Lektüre die Texte in Satz geben. Wie wollen Sie den Titel des Buches sehen? Ich möchte ihn völlig parallel zum Gedichtband sehen, also auch in der Form eines Doppeltitels. Ich würde auch nicht so sehr von den dramatischen, als vielmehr von den szenischen Dichtungen sprechen. Ihre Texte sind ja nicht so sehr im althergebrachten und theaterdogmatischen Sinne »dramatisch«. Sie leben vielmehr auf einer anderen Ebene als der des üblichen theatralischen Vorgangs, nämlich auf der reinen Ebene des Worts, und dieses Wort muß auf der Szene unverstellt erscheinen können. Meinem Urteil bieten sich die folgenden drei Titel an:
1. ›Das Leiden Israels. Die szenischen Dichtungen der Nelly Sachs‹

2. ›Wir leben alle in Geheimnissen. Die szenischen Dichtungen der Nelly Sachs‹
3. ›Zeichen im Sand. Die szenischen Dichtungen der Nelly Sachs‹[3]
Ich persönlich neige zum ersten Titel, jedoch möchte ich ihn nur wählen, wenn Sie ihm uneingeschränkte Zustimmung geben können. Er schränkt ja thematisch etwas ein, und doch will es mir scheinen, als stünde Ihr privates, persönliches Leid stellvertretend für das Leid Ihres Volkes. Sollten Sie zu diesem Titel aber keine Beziehung finden können, wäre mir ›Zeichen im Sand‹ dann am liebsten. Bitte, schreiben Sie mir, wie Sie den Titel formulieren möchten.

Nun kann ich Ihnen noch eine Freude bereiten: Ich habe mich entschlossen, ›Eli‹ in die neue, im September erscheinende, Ausgabe unseres ›Spectaculums‹ aufzunehmen. Dies ist eine Anthologie, die einmal im Jahr erscheint und die die wichtigsten internationalen Stücke bringt. Der Band wird auch ›Andorra‹ enthalten.[4] Vielleicht erhält er seine Bedeutung eben in der Gegenüberstellung von ›Eli‹ und ›Andorra‹. In beiden Stücken wird das jüdische Leidensproblem gestaltet. In dem Ihren in mehr persönlicher Form, im Stück von Frisch im Modellcharakter. Die Ausgabe wird in hoher Auflage erscheinen, vermutlich werden wir 40.000 Exemplare drucken, das Buch hat also eine weite Verbreitung, und ich hoffe, daß wir damit einmal unsere größere dramatische Ausgabe stützen und zum anderen neue Aufführungen anregen werden.

Mit herzlichen und verehrungsvollen Grüßen
Ihr Siegfried Unseld

1 Nelly Sachs berichtete in einem Brief vom 30. April 1962, sie sei bei einem Bremsmanöver, durch das der sie chauffierende Taxifahrer eine Katze retten wollte, gegen die Windschutzscheibe des Wagens geschleudert worden.
2 Nelly Sachs, *Zeichen im Sand. Die szenischen Dichtungen*, erschien am 16. November 1962.
3 Der Vorschlag Nr. 1 wurde 1964 für Band 51 der edition suhrkamp wiederaufgenommen.
4 *Spectaculum V* enthält neben *Eli* und *Andorra*: Samuel Beckett, *Glückliche Tage*; Bertolt Brecht, *Der Prozeß der Jeanne d'Arc zu Rouen 1431*; Eugène Ionesco, *Die kahle Sängerin*; Dylan Thomas, *Unter dem Milchwald*.

[12] *An Jürgen Becker, Köln*

20. Juni 1962

Lieber Herr Becker –
führt Sie in der nächsten Zeit einmal Ihr Weg nach Frankfurt? Ich hätte Sie sehr gern gesprochen. Diesmal geht es jedoch nicht um den Lektor Jürgen Becker, sondern vielmehr um den Autor und Schriftsteller.[1] Mir selbst würde ein Tag in der Woche vom 2. bis 6. Juli am besten passen. Ich würde mich sehr freuen, wenn Sie eine Reise nach Frankfurt, deren Kosten der Verlag trüge, einrichten könnten.
Mit besten Grüßen
Siegfried Unseld

[Kopie an Johnson][2]

1 Jürgen Becker, *Felder* (1-33), erschien am 13. Oktober 1962 als Vorabdruck in dem Sammelband *Vorzeichen*.
2 Notiz auf dem Durchschlag

[13] *An Peter Weiss, Stockholm*

31. Juli 1962

Lieber Herr Weiss –
ich gebe Ihnen nur ein kleines Zeichen, daß ich wieder zurück bin. Wir hatten drei angenehme Wochen in der Bretagne. Zwar war es nicht so warm wie sonst, aber alles in allem war es doch sehr erholsam.
Auf Ihren Brief haben Sie bereits Antwort erhalten. Wir setzen uns jetzt mit Macht ein, Ihrem neuen Buch den Weg in die Öffentlichkeit zu ebnen.[1] Die ersten Reaktionen auf den Versand der Leseexemplare an das Sortiment sind nicht sehr günstig. Ich beobachtete, daß das Sortiment mit großen Vorbehalten an die Lektüre ging. Wir haben jedoch auch Stimmen erhalten von Leuten, die sehr angetan waren. Wie gesagt, wir begeben uns da zu einem Ring- und Nahkampf. Ich möchte dem Buch zu einer echten Wirkung und zu einem großen Echo verhelfen.
Gern höre ich, daß Sie wieder an Prosa arbeiten. Wiederum wird dabei meine alte Vorstellung lebendig, daß Sie dafür eben doch einige Zeit wieder in Deutschland leben sollten. Ich habe gerade heute früh mit einem Kulturmann der Stadt Frankfurt gesprochen. Auf meinen Vorschlag hin denkt man daran, in einem alten Gebäude ein zweiräumiges Atelier für einen Schriftsteller einzurichten. Vielleicht wäre dies etwas für Sie.[2] Freilich wäre es kein Atelier für die Arbeiten Ihrer Frau, aber wir sind uns ja ohnehin sicher, daß ihre Arbeit sich schwer verlagern läßt.[3]
Das Sonderhonorar lassen wir also hier in Frankfurt liegen. Machen Sie sich des Mittagessens wegen keine Sorge, ich lade Sie dazu ein.[4]
Mit allen guten Wünschen und Grüßen
Ihr Siegfried Unseld

1 Den Brief von Peter Weiss vom 6. Juli 1962 beantwortete Helene Ritzerfeld am 12. Juli. Der Roman *Fluchtpunkt* wurde am 7. September 1962 ausgeliefert.
2 Peter Weiss suchte einen Arbeitsplatz innerhalb Deutschlands.
3 Gunilla Palmstierna-Weiss arbeitet als bildende Künstlerin und Bühnenbildnerin.
4 Ein Sonderhonorar seitens des Verlags sollte Peter Weiss konzentriertes Arbeiten ermöglichen. Mit der Einladung zum Mittagessen bezog sich S. U. auf die Überlegung von Weiss, bei guter Verzinsung des Honorars fiele ein solches Essen zusätzlich ab (Peter Weiss an S. U., 6. Juli 1962).

[14] *An Günter Eich, Lenggries*

20. Februar 1963

Lieber Herr Eich,
Ihren Brief vom 4. Februar kann ich erst heute beantworten. Ich war in New York, um dort am »Aufstieg und Fall« ›Andorra‹ teilzunehmen und den Autor zu trösten und zu stützen.[1]
Nun wollten Sie am Sonnabend hier sein. Leider kann ich es nicht einrichten, weil eine wichtige Premiere mich nach Wien ruft. Dort wird nach langer Pause nun zum ersten Mal Brecht gespielt und es kann sein, daß sich Spectacel nicht nur auf der Bühne abspielt, und so werde ich meine Brust hinhalten müssen.[2]
Dabei hätten wir verschiedenes zu besprechen gehabt. Einmal Ihre Fragen. Ich habe jetzt den ›Sechsten Traum‹ gelesen und auch die neue Niederschrift des ›Vierten Traumes‹. Ich zögere sehr, beides so ohne weiteres und das heißt, unversehens und von niemand registriert, in

einer Neuauflage des Träumebuches aufzunehmen. Dieses Buch und insbesondere das Hörspiel ›Träume‹ ist zu einem Stück klassischer Literatur geworden. Ich spreche nicht von der Auflage von 20. Tausend Exemplaren, sondern von der großen Wirkung, die das Buch gehabt hat und hat. Ich sehe das Hörspiel ›Träume‹ auch für so bedeutsam an, daß ich sehr zögere, diese Änderung und Erweiterung einfach so ohne Aufsehen zu machen, oder wünschen Sie dies gerade. Darüber hätte ich gerne mit Ihnen gesprochen. Meine Überlegung wäre: Belassen wir im Band ›Träume‹ das Hörspiel ›Träume‹ so wie es ist. Ich möchte Ihnen aber eine separate Publikation, des dann als zweite Fassung zu deklarierenden Hörspiels, anbieten. Eine kleine Schwierigkeit besteht freilich darin, daß wir schlecht zweimal den gleichen Titel haben können. Aber dem könnte man ausweichen, wenn man zu diesem Text noch ein weiteres Hörspiel gäbe und beide Texte unter dem Titel ›Träume. Zweite Fassung und Die Stunde des Huflattichs‹ (als Beispiel) brächte. Bitte denken Sie darüber nach.[3]

Wegen der Loerke-Auswahl wollten Sie mir noch Bescheid geben.[4]

Nun noch eine andere Sache. Ich weiß nicht, ob ich damals in Lenggries erwähnte, daß Pläne für den Kauf des Insel Verlages bestünden. Der Verlag war bedroht, dann auch in Gefahr von einer Buchgemeinschaft aufgekauft zu werden und das sollte diesem Hause nicht angetan werden. Wir haben also den Insel Verlag jetzt übernommen.[5]

Selbstverständlich in der Form, daß beide Verlage getrennt voneinander geführt werden.

In den nächsten Tagen übergeben wir eine Nachricht an die Presse; ich schicke Sie Ihnen anbei zu.
Mit herzlichen Grüßen
Ihr Siegfried Unseld

1 S. U. reiste vom 5.-16. Februar 1963 nach New York. Die Broadway-Premiere von *Andorra* fand am 9. Februar statt (in den Hauptrollen Horst Buchholz und Hugh Griffith, Inszenierung Michael Langham) und geriet zu einem Mißerfolg. Am 11. Februar folgte die Premiere von *Biedermann und die Brandstifter*, auch dieses Stück fiel bei der Kritik durch.

2 Mit der Premiere von *Mutter Courage und ihre Kinder* am 22. Februar 1963 am Volkstheater Wien (Regie Gustav Manker, in der Rolle der Courage Dorothea Neff) endete der seit 1952 andauernde Brecht-Boykott der österreichischen Theater. Entgegen der Befürchtung von S. U. wurde die Premiere, der Bundespräsident Adolf Schärf beiwohnte, zu einer Demonstration für Brecht; Publikum und Kritik reagierten positiv.

3 S. U. und Günter Eich vereinbarten schließlich den Austausch des *Vierten Traums* ab der nächsten Auflage von *Träume* (d. i. die 6. Auflage, erschienen am 19. September 1964; die Erstausgabe erschien als Band 16 der Bibliothek Suhrkamp am 2. Juli 1953). Die Urfassung von *Der vierte Traum* ist erhalten in: Günter Eich, *Gesammelte Werke*, Bd. II, Suhrkamp Verlag, Frankfurt am Main 1973. *Die Stunde des Huflattichs* wurde aufgenommen in Günter Eich, *In anderen Sprachen*, Bibliothek Suhrkamp Band 135, erschienen am 22. September 1964.

4 Oskar Loerke, *Gedichte*, ausgewählt von Günter Eich, erschien am 21. Oktober 1963 als Band 114 der Bibliothek Suhrkamp.

5 Am 19. Februar 1963 erwarben die Gesellschafter des Suhrkamp Verlags, Balthasar Reinhart, Peter Reinhart und S. U., den Insel Verlag. Rudolf Hirsch wurde Mitgesellschafter und bis zu seinem Ausscheiden am 31. Dezember 1964 mit der Verlagsleitung betraut, die danach allein bei S. U. lag.

[15] *An Paul Nizon, Zürich*

25. April 1963

Lieber Herr Nizon,
nochmals Glückwunsch zu ›Canto‹.[1] Ich hoffe, Sie spüren selbst, daß die Fassung jetzt runder, dichter, gelungener ist. Das, was Sie wollen, tritt nun deutlich hervor und für den Leser werden die verschiedenen Vorgänge und Ebenen wesentlich klarer. Ich freue mich sehr, daß wir durch unsere Beharrlichkeit Sie doch veranlassen konnten, diese Form zu schaffen. Wir werden uns in diesem Herbst mit Intensität für das Buch einsetzen, es muß uns gelingen, den Autor Paul Nizon damit präsent zu machen. Das Manuskript geht jetzt in die Herstellung; Sie werden in ca. vier Wochen Fahnen erhalten. Bevor ich Ihnen etwas zu diesem Korrekturgang schreibe, möchte ich Sie noch um eins bitten und ich wünschte mir, ich könnte in Engelszungen reden. Sie haben den Anfang gestrafft und anders gefaßt, aber, glauben Sie mir, lieber Herr Nizon, diese ersten zwei Seiten sind jetzt das letzte, wirklich Problematische. Ich sagte Ihnen ja schon bei unserem ersten Gespräch, daß eine Evokation nur stringent ist, wenn sie in einem ganz bestimmten spirituellen Zusammenhang steht. Der entsprechende Teil im Manuskript steht in einem solchen Zusammenhang. Diese beiden ersten Seiten gewinnen ihre Stringenz erst von rückwärts her, also wenn man sie nach Kenntnis des Buches nochmals liest, das aber, lieber Herr Nizon, ist ein eindeutiger Mangel, ja ein Fehler des Buches. Ich habe große Angst, daß es vielleicht Leser geben wird – seien es Kritiker, seien es normale Leser – die an diesen zwei Seiten scheitern, also nicht über sie hinauskommen.
Bitte bedenken Sie, daß der Einsatz für ein Buch ganz ent-

scheidend für die Beurteilung ist, und von dieser Beurteilung hängt das kritische Echo, aber auch das Ankommen beim Buchhandel und bei den Lesern ab. Ich wäre also dafür, auf diese beiden ersten Seiten nochmals zu verzichten. Sie bräuchten nicht auf den Text zu verzichten, der wäre ja sicherlich in der Mitte einzufügen. (Aber auch in diesem Fall würde ich auf die dritte Zeile: »Dies ist ein Leiden ... « bis »... mit dem Ding« verzichten.) Zur Seite 125 hat Ihnen Michel schon geschrieben, bitte, es ist keine Prüderie auf unserer Seite, aber, ich würde beide Zeilen von »die die Frauen ... « bis »... hauen« streichen.[2] Diese Zeilen wirken sowieso etwas protzig und es ist wirklich nicht nötig, daß wir die Leute deswegen schockieren.
Nun aber zum Korrekturgang. Bitte achten Sie dabei nochmals auf gewisse Mechanismen Ihres Stils. Michel hat ja in seinem Brief einiges angedeutet, ich denke an solche additive Formulierungen »Halt – Halter – Haltung«, das ist schlechter Heidegger und Sie sollten der Kritik solchen Anlaß nicht bieten. Dann möchte ich Sie sehr herzlich bitten, jene Sätze, die mit »O« beginnen, zu prüfen. Meiner Ansicht nach, können Sie diese »O« in 90% aller Fälle streichen. Dies gilt besonders für die Schlußseite, bei der mich solche Exklamationen sehr gestört haben.[3] In diesem Brief überwiegt wiederum das Kritische, aber das ist nur von der Sache her bedingt. Ich habe im Gesamten nicht nur einen sehr positiven Eindruck, sondern ich sehe in ihm eine bedeutende Arbeit, um die wir uns mit Freude bemühen werden.
Von Herrn Oprecht erhielt ich heute einen Brief mit folgendem Inhalt: »Besten Dank für Ihr Schreiben vom 18. April betreffend Paul Nizon. In der ›Neuen Zürcher Zeitung‹ vom 22. April ist eine Besprechung veröffent-

licht, die Vorlesung im ›Städtischen Podium‹ Paul Nizon betreffend. Ebenso ist in der Sonntagsausgabe vom 21. April aus dem Manuskript eines Romans von Paul Nizon betitelt ›Einen weiteren Garten‹ ein Ausschnitt.
Ich werde versuchen für Paul Nizon bis Ende dieses Jahres einen monatlichen Beitrag aus einem Bundeskredit erhältlich zu machen.«[4]
Ich hoffe, er hat sich mit Ihnen bereits in Verbindung gesetzt.
Das, was Sie mir in Ihrem vorletzten Brief angedeutet haben, also ein curriculum vitae oder eine eigene Betrachtung zum Roman wäre mir höchst willkommen.
Mit herzlichen Grüßen
Ihr Siegfried Unseld

1 Paul Nizon, *Canto*, erschien am 16. September 1963.
2 Die beanstandete Formulierung befindet sich auf der Manuskriptseite 125 in einem Absatz, der für die Druckfassung gestrichen wurde. Er hätte sich andernfalls dort im Anschluß an »*Er haßte den Moloch*« (Ende S. 204) befunden. Die Veränderungen auf den ersten Seiten sind nicht ermittelt, da von dem Manuskript, das S. U. vorlag, die Seiten 1-10 fehlen.
3 In den letzten vier Absätzen des Buchs blieben drei »dieser ›O‹« erhalten.
4 S. U. hatte den Zürcher Nationalrat Hans Oprecht um finanzielle Unterstützung für Paul Nizon gebeten. Die *Neue Zürcher Zeitung* druckte am 21. April 1963 unter dem Titel *Einen weiteren Garten* eine Passage aus *Canto* (S. 119-126) und berichtete am 22. April 1963 unter dem Titel *Städtisches Podium* über Nizons Lesung aus *Canto* im Rahmen der »literarischen Nachmittage«.

[16] *An Hans Blumenberg, Gießen*

27. April 1965

Verehrter Herr Blumenberg,

Herr Michel gab mir Ihr Schreiben vom 21. April. Es ist sicherlich nicht die Absicht Ihres Briefes gewesen, mich in meinen Zielen und Absichten auf das angenehmste zu bestärken. Und doch hatte Ihr Brief auf mich diese Wirkung, selbst wenn Sie uns in ihm Ihre Mitarbeit an der Reihe Theorie versagen (ich hoffe, daß dies freilich nur vorläufig ist), und wenn Sie uns Ihr Bedenken nennen, Ihr Buch, mit eindeutig wissenschaftlichem Charakter dem Suhrkamp Verlag anzuvertrauen, dessen schöngeistiger Charakter ja evident ist, der sich aber in seinem Transzendieren in den wissenschaftlichen Bereich erst bewähren muß.[1] Sie haben in Ihrem Brief das formuliert, was ich selbst bei den Gelehrten unserer Zeit beobachte: es kommen immer mehr Meinungsäußerungen und immer weniger profunde Werke zustande; wir leben in einer Zeit, da die wissenschaftliche Forschung und Lehre nicht so sehr in grundsätzlichen Werken, die Zusammenhänge herstellen, betrieben wird, sondern eben in einzelnen Arbeiten; oft sind es die äußersten Zufälle, die den Gelehrten Zeit und erzwungene Muße zu größeren, zusammenhängenden Arbeiten geben.[2] Doch ist daran wirklich das, wie Sie schreiben, mehr und mehr zur Markenindustrie sich wandelnde Publikationswesen schuld? Hat dies nicht doch andere, tiefere Gründe, etwa die immer weitergehende Spezialisierung und Differenzierung der Wissenschaften, wie auch der Kunst, Literatur und Musik? Der Verlust eines Blickes auf das Ganze läßt oft nur die Konzentration auf das Detail zu.

Doch würde die weitere Diskussion dieser Frage den

Rahmen eines Briefes sprengen. Ich wollte Ihnen eigentlich nur sagen, daß mich Ihre Darlegungen sehr beeindruckt haben, und daß ich Sie voll und ganz verstehe und Sie in Ihrer Haltung auch bestärken möchte.
Was den wissenschaftlichen Verlag Suhrkamp betrifft, so wird er sich in den nächsten Jahren wirklich erst zu bewähren haben. Ich glaube, daß es heute wichtig ist, eben aus der vorhergenannten Überlegung, über den einzelnen Disziplinen Kommunikationen stattfinden zu lassen. Wenn Ihnen Herr Michel schrieb, daß der Verlag beabsichtige, sich über den Fachkreis hinaus an ein breites Publikum zu wenden, so nicht, weil wir die Wissenschaften zu popularisieren gedenken, sondern weil wir solche wissenschaftliche Autoren suchen, die durch ihre Sprache auch über den Fachkreis hinaus zu wirken vermögen. Das hat selbstverständlich wenig mit der äußeren Präsentation der Werke zu tun. Ich selbst bin ein ebenso passionierter Anmerkungen-Leser, wie Peter Suhrkamp ein Gegner dieser Anmerkungen war; ich erinnere mich an viele Diskussionen darüber. Wenn der Suhrkamp Verlag seinen literarischen Autoren gegenüber das Recht des letzten Wortes einräumt, so ist doch auch für diesen neuen Aspekt selbstverständlich, daß wir zwar mit den Autoren die Form, in der die Werke erscheinen sollen, diskutieren, daß aber letztlich diese Autoren sie entscheiden. Insofern kann ich Sie also wirklich beruhigen, wir denken nicht daran, auf die Gestaltung von Text und Apparat in dem von Ihnen erwähnten Sinne einzuwirken. Mein Zeitbewußtsein, auch hier kann ich Sie beruhigen, ist groß und weit. Das wissenschaftliche Haus soll im Laufe von fünf bis zehn Jahren erbaut werden, eben damit es auf eine nächste Generation wirken kann.

Ich mußte mich auch erst allmählich damit abfinden, daß ein Teil meiner täglichen Arbeit darin besteht, mit Autoren Geldfragen zu diskutieren. Ich habe in den letzten Jahren reichliche Erfahrungen auf diesem Sektor gesammelt. Ich darf Ihnen versichern, daß Sie in diesem Punkt in mir einen offenen Partner haben – mit Sinn für »Mehrwert«. Im übrigen kann ich doch nicht unterdrücken, daß heute, mit dem Datum vom 23. April, ein Brief von Felix Meiner bei uns einging. Herr Michel erbat für die Reihe Theorie eine Lizenz Carnap, Herr Meiner schrieb:[3] »Meine Kenntnis über die von Ihnen geplante Reihe philosophischer Texte reicht leider nicht weiter, als daß mir bekannt ist, daß eine derartige Absicht bei Ihnen besteht und Sie einigen der in Aussicht genommenen Herausgebern Honorare angeboten haben, die weit über das hinausgehen, was im wissenschaftlichen Verlag üblich ist und was von diesem in der Regel gezahlt werden kann.« Sie sehen, was wir mit unserer großzügigen Art anrichten.

Ich hätte längst den Versuch gemacht, Sie in Gießen zu besuchen, doch ich wagte es einfach nicht, weil erst kürzlich die Herren Reichert und Michel und danach nochmals Herr Reichert bei Ihnen waren. Ich möchte Sie wirklich nicht stören, sondern im Gegenteil alles versuchen, daß Sie arbeiten können. Das scheint mir überhaupt die wichtigste Aufgabe eines Verlegers zu sein, den Autoren Bedingungen für ihre Produktion zu schaffen.

Mit sehr herzlichen Grüßen
Ihr Siegfried Unseld

1 Hans Blumenberg, *Die kopernikanische Wende*, erschien am 3. November 1965 als Band 138 der edition suhrkamp, am 25. November 1966 folgte *Die Legitimität der Neuzeit*.
2 Hans Blumenberg revidierte seine Haltung. Er zählte neben Jürgen Habermas, Dieter Henrich und Jacob Taubes zu den Herausgebern der Reihe Theorie, die ab dem 2. Halbjahr 1966 erschien.
3 Rudolf Carnap, *Scheinprobleme in der Philosophie*, erschien am 25. November 1966 in der Reihe Theorie 1.

[17] *An Olof Lagercrantz, Stockholm*

30. September 1965

Lieber Olof,
ich freue mich, daß die Zeit heranrückt, in der wir uns in Frankfurt wieder sehen können. Ich gebe Dir jetzt schon die Termine, die für Dich vorgesehen sind, damit Du eventuell Deine andere Zeit danach einrichten kannst.
Freitag, 15. Oktober, 17 Uhr in der Klettenbergstraße
Empfang für die Kritiker und Presseleute
Sonnabend, 16. Oktober, 11 Uhr
großer Empfang im Insel Verlag
ebenfalls Sonnabend um 17 Uhr in der Klettenbergstraße
Empfang für Buchhändler. Uwe Johnson wird lesen und anschließend sollte entweder ein kleiner Vortrag von Dir über Schweden oder das Gespräch mit Dir über Schweden stattfinden.[1]
Sonntag, 17. Oktober, 11 Uhr
Friedenspreis-Verleihung in der Paulskirche,
daran anschließend ein festliches Mittagessen.
20 Uhr Empfang für Nelly Sachs in der Klettenbergstraße.[2]

Ich habe mit der ›FAZ‹ Verbindung aufgenommen, Du wirst von den Herausgebern eingeladen werden; diesen Termin stimme ich noch ab. Ferner nehme ich an, daß Du Theodor W. Adorno kennenlernen möchtest; ich werde versuchen, ein Mittagessen mit ihm zu arrangieren.[3] Wen möchtest Du sonst noch kennenlernen?
Nun komme ich nochmals mit einer Bitte. Ich schicke Dir die Kopie eines Briefes von Dr. Svensson. Dieser Brief ist nun wirklich merkwürdig. Dr. Svensson hatte mir in Stockholm mitgeteilt, daß er nun doch eine große Ausgabe Brecht machen wolle und daß er mit den Herren Bonniers darüber sprechen würde.[4] Ich hatte den Eindruck, daß damit die Sache in Ordnung geht. Nun erhielt ich diesen Brief. Wäre es Dir möglich, einmal mit Bonniers zu telefonieren? Es ist wirklich unfaßbar, daß sich Bonniers dieses wichtige Unternehmen entgehen lassen. Große Brecht-Ausgaben gibt es in allen Ländern der Welt, einschließlich Japan und wir sprechen jetzt gerade über Ausgaben in der Türkei und Portugal. Es ist nicht einzusehen, daß dieser neben Kafka und Rilke wichtigste deutsche Autor des Jahrhunderts in Schweden nicht entsprechend herausgegeben wird. Ich bin nicht so sicher, daß wir keinen anderen schwedischen Verleger finden, nur haben wir jetzt aber mehrere Jahre Zeit verloren, weil wir immer hofften, Bonniers würde die Sache herausgeben. Es wäre mir lieb, wenn ich dann mit Dir darüber sprechen könnte.
Ich höre, daß in diesem Jahr die schwedische Akademie am Freitag, dem 15. Oktober, den Nobelpreiskandidaten bekanntgeben wird. Ich nehme an, daß Du dies doch sicherlich 24 Stunden vorher weißt. Vielleicht könntest Du Dir diese Nachricht auch nach Frankfurt c/o Kletten-

bergstraße 35 übermitteln lassen; es wäre ja ganz schön, wenn man dies bei unserem Kritiker-Empfang wüßte.⁵
Herzliche Grüße, auch an Deine Frau, und natürlich von der meinen
Dein Siegfried

1 Uwe Johnson las am 16. Oktober 1965 in der Klettenbergstraße 35, seit Juli 1959 der Wohnsitz von S. U., aus dem am 18. September desselben Jahres erschienenen Roman *Zwei Ansichten*.
2 Nelly Sachs erhielt in diesem Jahr den Friedenspreis des Deutschen Buchhandels.
3 Für dieses Mittagessen gibt es keinen Beleg, allerdings geht aus dem Terminkalender von Theodor W. Adorno dessen Teilnahme am Insel-Empfang hervor.
4 Der Brief ist nicht ermittelt. Während eines Aufenthaltes in Stockholm vom 26.-29. August 1966 vereinbarte S. U. mit Dr. Svensson die Ausgabe von Dramen Bertolt Brechts in zwei Bänden, die 1968 und 1970 im Verlag Bonniers erschienen.
5 Den Nobelpreis für Literatur erhielt 1965 der russische Autor Michail Scholochow.

[18] *An Max Frisch, Berzona*

1. Februar 1966

Lieber Max Frisch,
seitdem ich Ihren Brief vom 7. Januar, für den ich Ihnen wirklich sehr verbunden bin, in Händen halte, führe ich einen dauernden Dialog mit ihm und damit mit Ihnen. Über Allgemeines haben wir ja in Zürich gesprochen. Ich begrüße sehr, daß Sie einen Wohnsitz in Zürich anstreben. Damit haben Sie neben Berzona die Möglichkeit doch mehr urbanen Lebens, ohne das wir letztlich doch nicht

auskommen. Dabei hat mich die Beschreibung Ihrer Spaziergänge in Berzona sehr bewegt.[1]

Zu ›Zürich-Transit‹ hat Ihnen Herr Busch schon geschrieben, er tat dies, ohne sich mit mir darüber zu unterhalten. Ich habe am Wochenende das Manuskript einmal gelesen, bevor ich Ihnen dazu schreibe, möchte ich doch noch eine zweite und dritte Lektüre anschließen. Ich schreibe Ihnen noch diese Woche.[2]

Nun aber zu Ihren anderen Fragen. Sie haben, lieber Max Frisch, mit Ihren Büchern eine Wirkung wie sie gegenwärtig kein anderer Autor deutscher Zunge innehat. Über die Aufführungen der Stücke wissen Sie ja Bescheid. Sie sind zahlenmäßig im letzten Jahr etwas zurückgegangen. Das wird jetzt auch weiterhin so sein, aber das hängt damit zusammen, daß ›Andorra‹ einen überwältigenden Erfolg hat, der einfach nicht mehr zu überbieten ist. Ihre Bücher laufen nach wie vor. Wir haben im vergangenen Jahr sicherlich mehr ›Gantenbein‹ als Uwe Johnson verkauft und damit mehr als alle Exemplare im Hauptprogramm des Suhrkamp Verlages.[3] Daraus ergeben sich natürlich Probleme, die Sie ironisierend unter dem Terminus Großschriftstellerei rubriziert haben. Ich sehe Ihre Situation, aber, lieber Frisch, was diese Ihre Person anbelangt, muß ich Ihnen sagen, daß sie nach meinem Urteil nicht zu ändern ist. Sie sind nicht der Mann, der eine Sekretärin oder einen Sekretär neben sich brauchen kann, nicht, weil Sie mit ihm nicht umgehen könnten, sondern weil Ihre Art des Reagierens eine höchst individuelle und eben nicht delegierbare ist. Natürlich wird es Hilfen geben bei Abschriften von Manuskripten, aber mehr sehe ich eigentlich nicht. Anders ist die Situation hier im Verlag. Seit Erhalt Ihres Briefes habe ich unaufhörlich über

Ihre Bitte nachgedacht.[4] Ein wenig ist Ihre Situation hier im Verlag natürlich auch die der anderen Autoren, obschon sie sich in ihren Problemen nicht so konzentriert und kulminiert darbietet. Eine Kraft für Sie. – Doch wie sollte dieses Heinzelmännchen oder Heinzelweibchen arbeiten? Die für Sie wichtigen Informationen müssen Ihnen, wenn in den Hauptdingen nicht von mir selbst so doch von den Mitarbeitern bekanntgegeben werden, die diese Arbeiten leisten. Diese Arbeiten sind in den letzten Jahren so spezifiziert worden, daß es nicht mehr möglich ist, daß einer, außer meiner Person, sie noch ganz übersieht. Die Theaterarbeiten liegen bei Dr. Braun, die Rechts- und Auslandsdinge bei Fräulein Ritzerfeld, die Honorarabrechnungen in neuen Händen bei Frau Utermöhlen, von den Herren Lektoren ganz zu schweigen. Es wäre gar nicht richtig, aus diesen Abteilungen alle Arbeitsvorgänge hinauszunehmen und sie einer Person anzuvertrauen.

Andererseits steht dieses Problem für mich auf einem sehr ernsten Hintergrund, nicht nur, weil ich ja meine Autoren zufriedenstellen und ihnen die Sicherheit geben muß, daß ihre Probleme hier gut aufgehoben sind; irgendwie zielt diese Frage auch auf den verlegerischen Nachwuchs hier im Hause. Im Grunde genommen müßte ich allmählich einen jungen Verleger zur Seite haben, der, eben indem er solche Probleme löst und sie in seiner eigenen Hand hält, in die Arbeit hineinwächst. Eine solche »Einrichtung« zu schaffen, wird meine Aufgabe für die nächsten beiden Jahre sein. Ich sage Ihnen dies, damit Sie sehen, wie ernst ich Ihr Problem nehme, und ich reagiere auch jetzt darauf, indem ich, da ich nun einmal diesen jungen Verleger oder diesen Verlagsleitungsassistenten noch nicht habe, eine zweite Kraft in mein Sekretariat aufnehme. Diese Dame, Frau Ingrid Hendel, der ich diesen Brief auch schon diktiere (sie ist eine sehr angenehme Erscheinung, obschon schon verheiratet), soll in Zukunft neben Sekretariatsarbeiten vornehmlich jenes Frisch-Heinzelmännchen bzw. -weibchen sein. Sie wird es auch sein, die sich einmal um das Material in anderen Verlagen kümmern wird; einen ersten Anlauf haben wir schon genommen, und ich schicke Ihnen heute schon einmal die Rezensionen über ›Gantenbein‹, die uns der englische Verlag jetzt zuschickte.[5] Frau Hendel wird das aber jetzt ganz prinzipiell aufnehmen und Ihnen Informationen geben. Außerdem wird sie versuchen, neben der Korrespondenz, die ich, aber auch Braun, Ritzerfeld, die Honorarabteilung und die Lektoren mit Ihnen führen, über die Frau Hendel informiert wird, alle »Frischiana« bei sich zu konzentrieren. Dies ist ein Versuch, der uns zunächst gewisse organisatorische Schwierigkeiten macht, aber mir ist es sehr wichtig, Sie wirklich zufriedenzustellen.

Doch, lieber Herr Frisch, das Gelingen hängt nicht nur von uns ab, sondern auch von Ihnen. Eine solche Einrichtung kann nur funktionieren, wenn sie nicht von einer Seite, sondern von beiden Seiten aus richtig bedient wird. Nicht, um Ihren so freundlich vorgetragenen Klagen mit einer Gegenklage zu antworten, weise ich Sie auf drei Punkte hin. Seit drei Monaten liegen bei Ihnen Änderungsvorschläge des DDR-Verlages für den ›Gantenbein‹-Text.[6] Wir haben darüber geschrieben, ich habe mit Ihnen am Telefon gesprochen, erst fanden Sie diese Unterlagen nicht mehr, dann stellten sie sich in Berzona heraus. Sie versprachen mir Lektüre und Stellungnahme (ich bin mit Ausnahme der Bereinigung reiner Satzfehler

und des Schachspielparts für keine andere Änderung).[7]
Bis heute haben wir nichts gehört, der DDR-Verlag drängt. Wir können aber keine Auskunft geben.
Schon im vergangenen Jahr, dann nochmals dringend am 11. und 17. Januar richtete Fräulein Ritzerfeld an Sie Bitten wegen Aufführungen von ›Santa Cruz‹ in Theatern und am Fernsehen in Rumänien, Dänemark und England. Die Situation ist ja die, daß Sie ausdrücklich eine Aufführung dieses Stückes verboten und sich Ausnahmen ausdrücklich vorbehalten haben. Offenbar sind alle Aufführungen in diesen drei Städten wichtig, besonders aus England wurden wir sehr bedrängt. Fräulein Ritzerfeld ist mehrfach angerufen worden und hat sich, weil sie wirklich sich nicht anders retten konnte, im Falle England über Ihr Verbot hinweggesetzt.
Wäre es nicht möglich, lieber Max Frisch, daß Sie solche Anfragen so beantworten, wie dies etwa Günter Eich tut: er schickt die Verlagsbriefe, die solche Anfragen enthalten, in der Regel im Original zurück und schreibt dazu »ja« oder »nein« oder »meinetwegen« oder »der Verlag soll's entscheiden«, dann ist die Situation klar.
Dieselbe Methode hat Eich bei vielen Anfragen, die ihn erreichen. Er schickt diese im Original an den Verlag mit Kommentar oder Zeichen seines Ja oder Neins oder der Gleichgültigkeit. Wäre das nicht auch möglich, daß Sie direkt an Frau Hendel solche Notizen schickten und Frau Hendel beantwortet diese Anfragen in Ihrem Auftrag? Das würden wir sehr gern tun und dies könnte unter Umständen eine große Erleichterung für Sie sein.
Zu den Finanzen. Wir sind ja alle sehr froh, daß sie so gut stehen. Sie haben ganz recht, daß die Überweisungen nicht immer präzise zu den im Vertrag vereinbarten

Terminen (exakt 8 Wochen nach den jeweiligen Abrechnungsterminen 31. Dezember und 30. Juni) erfolgen. Das rührt aber nicht nur aus einer, nennen wir es mal natürlichen buchhalterischen Trägheit her, sondern auch, weil wir jedes Mal bei solchen Abrechnungen bei Ihnen anfragen a) ob wir bei großen Summen, wie in den vergangenen Jahren Ratenzahlungen leisten können oder b) weil ja in den vergangenen Jahren gelegentlich unklar war, wohin die Summen überwiesen werden dürfen. Wir können dies sofort ändern, wenn wir so verbleiben, daß wir in Zukunft automatisch nach Vorliegen der Abrechnung den Gesamtbetrag (nach Abzug der vereinbarten 6 x 2.500 DM, also DM 15.000) auf ein von Ihnen jetzt anzugebendes Konto überweisen. Das würde bedeuten, daß jeweils rechtzeitig Ende Februar bzw. 1. März und Ende August bzw. 1. September diese Überweisungen bei Ihnen wären.

Sie schneiden die Fragen der Zinsen an. Nun ist der Verlag kein Mäzen, er kann auch keine Bank sein. Sie müssen ja bedenken, daß wir zum Beispiel die Abrechnungen der Buchabsätze zum 31. Dezember zu einem Zeitpunkt aufnehmen, in dem unter Umständen der größere Teil der Rechnungen von den Buchhändlern nicht bezahlt ist, die Herren zahlen ihren Dezemberumsatz in der Regel nach 8 Wochen. Andere Zahlungen wie etwa Theateraufführungen kommen früher. Vom Verlag her gleicht sich das aus. Die gelinde Benachteiligung, die dies für einen Autor im Gefolge haben kann, glaube ich dadurch verantworten zu können, daß der Verlag gegenüber seinen Autoren immer zu außerordentlichen finanziellen Leistungen bereit ist. Es ist ja immer so gewesen, daß der Verlag durch den Erfolg *eines* Autors seine Verlagsarbeit so ausführen konnte. Ohne Hesse und Shaw hätte es im Jahre 1950 und in den folgenden Jahren den Suhrkamp Verlag nicht gegeben, ohne Brecht wäre die zweite Aktivität um 1959 nicht möglich gewesen. Jetzt sind Sie der Autor, der es eben dem Verlag möglich macht, großzügig gegenüber seinen Autoren zu verfahren. Dort Darlehen (Hildesheimer, Enzensberger, Walser, Johnson), hier Vorschüsse (Koeppen, Nizon und viele andere) gegeben, Summen, die teilweise nie mehr hereinkommen. Ich schreibe Ihnen dies so ausführlich, damit Sie sehen, daß vom Verlag aus nichts »verdunstet«, und so hoch, lieber Frisch, sind Zinsbeträge ja wirklich auch nicht (diese sind überhaupt erst nennenswert, wenn man Gelder langfristig festlegt, bei kurzfristigen Zahlungen lohnt sich das überhaupt nicht, und eine schleichende Inflation geht über alle Zinsen hinweg).

Von keinem Autor ist zu erwarten, daß er Verständnis oder gar Dankbarkeit dafür hat, daß der Verlag durch den Erfolg eines Autors seine Arbeit so leisten kann. Aber es muß doch für Sie ein sehr angenehmes Gefühl sein, wenn Sie hören, daß eben dadurch es dem Verlag möglich ist, seine Arbeit so zu leisten. Auch hieraus resultiert ein Bewußtsein, dazuzugehören und resultiert in jedem Falle die Treue, die der Verlag Ihnen für die Dauer schuldet.

Ich bin sehr neugierig, was Sie mir zu diesen Überlegungen schreiben.

Mit herzlichen Grüßen
Ihr Siegfried Unseld

1 Am 6. Februar 1965 schrieb Max Frisch an S. U., er habe eine Zürcher Wohnung ab 1. Juli in Aussicht.
2 Max Frisch, *Zürich-Transit. Skizze eines Films*, erschien am 9. Mai 1966 als Band 161 der edition suhrkamp.

3 Max Frisch, *Mein Name sei Gantenbein*, erschien am 1. September 1964. Im Oktober 1966 betrug die Auflage 140.000 Exemplare. Zu Uwe Johnsons *Zwei Ansichten* siehe Brief 17, Anm. 1.
4 Max Frisch äußerte in seinem Brief vom 7. Januar 1966 den Wunsch nach einem »Heinzelmännchen oder -weibchen«, das ihn »von der Verwaltung einer Großschriftstellerei entlasten würde«.
5 Die englische Übersetzung erschien 1965 beim Londoner Verlag Methuen unter dem Titel *A Wilderness of Mirrors*, er lautet seit 1982 *Gantenbein*.
6 Im Herbst 1966 erschien die Lizenzausgabe im Ost-Berliner Verlag Volk und Welt.
7 Für die DDR-Ausgabe wurde die Beschreibung von Schachzügen verändert (z. B. von »B 2 x A 3« in »b 2 : a 3« (vgl. Erstausgabe, S. 158; Lizenzausgabe Volk und Welt, S. 126). Für die Ausgabe als Suhrkamp-Hausbuch 1967 wählte man die Version »b 2 x a 3«, in den darauffolgenden findet sich wieder die Schreibweise der Erstausgabe.

[19] *An Jacob Taubes, Berlin*

25. Juli 1966

Lieber Jacob,
Du peinigst mich mit Deinem Schweigen. Ich muß die Bibelangelegenheit für die Weltliteratur-Bibliothek dringend aufnehmen.¹ Wenn Du es nicht machen kannst oder magst, so sage mir dies bitte. Jedenfalls muß ich jetzt eine Entscheidung haben. Bitte schreibe mir eine Zeile oder rufe mich an.
Mit freundlichen Grüßen
Siegfried

1 Im Frühjahr 1966 konkretisierte S. U. seine Idee einer Bibliothek der Weltliteratur im Insel Verlag. Angelehnt an die Erscheinungsweise der edition suhrkamp, sollte die Reihe im September 1967 mit 24 Bänden starten, auf die monatlich vier weitere folgen sollten. Eine Planungsliste mit 104 Autoren von Aischylos bis Émile Zola enthält auch die Bibel. Das Vorhaben wurde nicht realisiert.

[20] *An Gershom Scholem, Jerusalem*

19. Oktober 1966

Lieber Herr Scholem,
ich habe heute, mit dem Datum vom 19. Oktober, den Vertrag mit dem Südwest Verlag unterzeichnet, der die Rechte Ihrer drei Bücher an den Suhrkamp Verlag überträgt.[1] Damit ist diese Angelegenheit perfekt. Ich bin in Verbindung mit Metzner/Athenäum Verlag und will dort die Bestände zurückkaufen und nach Möglichkeit später noch über die Lizenzrechte für die paperback-Ausgabe verhandeln.[2] Sobald alles geklärt ist und wir unsere Überlegungen im Hinblick auf mögliche Publikationen bei uns getroffen haben, schreibe ich Ihnen noch.

Ich war, wie Sie ja wissen, einige Tage aus Frankfurt verschwunden.[3] Ich habe die Zeit benutzt, den ersten Band der Briefe Benjamins zu lesen.[4] Ich bin überaus angetan von dieser Publikation, sie ist eine große Sache. Wenn mich auch die Jugendbriefe Benjamins weniger überzeugen – die Klaue des Löwen ist überall spürbar, und schon von dem Moment der Korrespondenz mit Ihnen an werden die Briefe interessant und bedeutend. Ich habe auch noch einmal die beiden Einleitungen gelesen. Ihre ist vorzüglich, aber ich glaube, daß auch Adorno sich übertroffen hat. Über seinen letzten Satz allerdings grüble ich nach, was da wohl gemeint sein kann.⁵

Ein besonderer Genuß ist natürlich die Kommentierung. Nun wird doch auch das Maß an Arbeit und Sorgfalt deutlich, das in diesem Buch investiert ist. Man erfährt soviel und möchte freilich immer noch mehr wissen. So wird die Auseinandersetzung mit Heinle nicht recht deutlich. Warum ist sie so heftig? Dann möchte man eigentlich auch erfahren, warum Benjamin vom Heer zurückgestellt wurde. Man erfährt nichts über die materielle Situation. Man kann nur schließen, daß er offenbar in einer vermögenden jüdischen Familie aufgewachsen ist. Doch von was lebte er in Freiburg, Berlin, dann in St. Moritz mitten im Kriege? Einmal heißt es, er führe geschäftlich nach Bern, was waren diese Geschäfte? Es gäbe noch einen Katalog von Fragen, aber ich behalte ihn mir vor bis zu einer Unterredung mit Ihnen, die mich nun doppelt freut, weil ich auch aus diesen Briefen wiederum vieles von Ihnen persönlich erfahre. Und welch ein Briefeschreiber war Benjamin! Man wird da wirklich gehemmt und empfindet die eigenen Briefe als eine bare Stotterei.

Ich habe zum Tode von Ninon Hesse ein paar Zeilen geschrieben, die lege ich hier bei, auch unter der Annahme, Ihre Frau möchte sie vielleicht gern lesen.⁶

Es grüßt Sie herzlich
Siegfried Unseld

---

1 Zum 1. Oktober 1966 übernahm der Suhrkamp Verlag vom Südwest Verlag (München) als Inhaber des Rhein-Verlags (Zürich) die Rechte an Gershom Scholem, *Die jüdische Mystik in ihren Hauptströmungen*, *Zur Kabbala und ihrer Symbolik* und *Von der mysti-*

schen Gestalt der Gottheit. Übernommen wurden ebenfalls die Rechte an den Werken von James Joyce, Hermann Broch und Adolf Portmann.

2 Bei Metzner (Frankfurt am Main) erschien 1957 eine Lizenzausgabe der *Jüdischen Mystik in ihren Hauptströmungen.*

3 Die Reise ist nicht ermittelt.

4 Am 7. November 1966 wurde die zweibändige Ausgabe von Walter Benjamin, *Briefe,* hg. von Theodor W. Adorno und Gershom Scholem, an den Buchhandel ausgeliefert.

5 Jener letzte Satz lautet: »Nur ums Opfer des Lebendigen wurde Benjamin der Geist, der lebte von der Idee des opferlosen Standes.« (Walter Benjamin, *Briefe,* Bd. I, S. 21)

6 Ninon Hesse starb am 22. September 1966. S. U. versandte den Sonderdruck seines Nachrufs *Ninon Hesse zum Gedächtnis,* er erschien am 7. Oktober 1966 in der *Frankfurter Allgemeinen Zeitung* unter dem Titel *Zum Tode von Ninon Hesse* und am 10. Oktober 1966 in der *Neuen Zürcher Zeitung.*

[21] *An Paul Celan, Paris*

6. Januar 1967

Lieber Herr Celan,

ich bin am 22. Dezember in einen kurzen Urlaub aufgebrochen und habe deshalb Ihren Brief vom 21. Dezember nicht mehr erhalten, aber es wurde mir in meinem Urlaubsort mitgeteilt, daß Sie den Vertrag unterschrieben haben.[1]

Lieber Herr Celan, damit gehen wir eine Verbindung ein, die mir bedeutsam erscheint und die ich äußerst wichtig nehme. Ich kenne nicht nur den Rang Ihres Werkes, ich habe auch eine unmittelbare persönliche Beziehung zu ihm, ja, ich schätze Ihre lyrischen Arbeiten höher und bedeutender ein als das, was von den Jüngeren heute geschrieben wird. Ich sage Ihnen das jetzt, nachdem wir unsere Verbindung beschlossen haben, und nicht vorher, weil es mir damals als eine eitle Werbung erschienen wäre. Heute kann ich das nun frei von jeder Werbung sagen. Und ich möchte auch noch etwas anderes ausdrücken. Ich versichere Sie meiner wirklichen Treue Ihrem Werk gegenüber für die kommenden Jahre. Wir wissen nicht, welche Entwicklung die Lyrik nehmen wird, wir wissen nicht, ob das, was sich als »Pop« und »Happening« bezeichnet, weiter überhand nehmen wird. Es mehren sich ja gelegentlich Stimmen, die Ihre Art zu denken und zu dichten nicht mehr ganz in ein modernes »pattern« eingefügt sehen. Das weiß ich sehr genau, aber Sie sollen auch wissen, daß ich mich von diesen Auffassungen nicht berühren lasse und daß ich entschlossen bin – wenn auch Sie es wollen und Sie meiner Arbeit vertrauen – meinen Weg mit Ihnen zu gehen.

Verzeihen Sie diese allgemeinen Anmerkungen. Sie sind an sich gar nicht meine Gewohnheit, aber ich wollte Ihnen dies doch einmal sagen. Lieber Herr Celan, ich freue mich sehr.

Es wäre schön, wenn Sie mir das Manuskript, wie vorgesehen, Ende Januar schicken könnten. Wir könnten uns dann in aller Ruhe mit ihm befassen. Als Erscheinungstermin möchte ich den 1. September vorsehen dürfen.[2] Wir werden natürlich dieses Buch mit aller gebührenden Sorgfalt ausstatten und präsentieren. Ihr Konto haben wir hier notiert. Die monatlichen Zahlungen sind angelaufen, Sie erhalten sie jeweils am Anfang eines Monats.

Bitte geben Sie mir Ihre Zustimmung, daß ich mich jetzt sofort an die Verlage Fischer und Deutsche Verlagsanstalt wegen der Übernahme bzw. Rückerwerb Ihrer Gedichte wende.³

Ich schicke Ihnen heute unser Programm für das erste Halbjahr 1967 zu, und zwar von beiden Verlagen, damit Sie wissen, welche Bücher wir vorhaben. Sie wissen ja, daß es eine Art ungeschriebenes Gesetz ist, daß die Autoren des Suhrkamp Verlages auch mit den Neuerscheinungen des Verlages versehen werden. Ich möchte Ihnen keinesfalls zumuten, all diese Bücher nun entgegenzunehmen, aber vielleicht finden wir ein Verfahren, festzustellen, an welchen Büchern Sie interessiert sind.

Ich höre Gerüchte, wonach Otto F. Walter aus dem Walter-Verlag ausgeschieden sei. Es sind nur Gerüchte, aber es meldete sich doch schon ein Autor des Verlages bei mir, der unter diesen Umständen den Verlag verlassen möchte. Ich teile Ihnen dies zu Ihrer Kenntnis mit.⁴

Bitte empfehlen Sie mich Ihrer Frau.

Mit den schönsten Grüßen
bin ich Ihr Siegfried Unseld

1 S. U. fuhr über die Jahreswende 1966/67 in einen Skiurlaub mit Martin Walser.
2 Paul Celan, *Atemwende*, erschien am 28. August 1967.
3 Die Erstveröffentlichung von Gedichten Paul Celans im S. Fischer Verlag, *Sprachgitter*, erschien 1959. In der Deutschen Verlags-Anstalt erschien 1952 *Mohn und Gedächtnis*.
4 Otto F. Walter schied 1966 aus dem väterlichen Verlag aus. Von Paul Celan lag im Walter-Verlag eine Übersetzung vor: Jean Cayrol, *Im Bereich einer Nacht* (1961). Zu ehemaligen Walter-Autoren, die später in den Suhrkamp Verlag eintraten, gehören Peter Bichsel und Jörg Steiner.

[22] *An Helene Weigel, Ost-Berlin*

19. September 1967

Liebe Helli,

gestern am späten Abend kam mein Mitarbeiter Herbert Nabbefeld aus Hamburg zurück und brachte die beiden ersten fertig gebundenen und geschuberten Exemplare der Werk-Ausgabe mit.[1] Ich versuchte, Sie mit einem Blitzgespräch zu erreichen, doch Ihr Apparat antwortete nicht mehr, so konnte ich Elisabeth verständigen.

Ich habe das Paket mit einigem Bangen geöffnet und dann die Bände einzeln in die Hand genommen. Ich glaube, das Ganze macht einen passablen Eindruck und ich bin nun sicher, daß wir es mit dieser Ausgabe richtig gemacht haben.

Soweit ich es zu sehen vermag, ist dies das größte, umfangreichste Unternehmen, das in der Geschichte der Verlage wie der Literatur je ein Verlag für einen Autor unternommen hat. Ich verfolge damit das Ziel, Brecht in seiner ganzen Physiognomie einer größeren Leserschicht rezitierbar zu machen, es sollte der Stücke- wie der Gedichteschreiber sein, der Prosaist und der Theoretiker und auch der Autor, der sich Gedanken zur Neugestaltung unserer Gesellschaft macht. Dies alles zusammen zu zeigen und durch den ungewöhnlich niedrigen Preis das Gesamte für einen großen Kreis erschwinglich zu machen, ist die erklärte Absicht des Unternehmens. Wie auch immer die Öffentlichkeit darüber befinden wird, wir können froh, ja stolz sein, daß wir das geschaffen haben.

Wir haben noch etwas anderes erreicht: Sie haben in entscheidender Weise dazu beigetragen, daß das Werk Brechts nun noch einmal neu geordnet und gesichtet und in möglichst gültigem Text geschlossen vorliegen kann. Ich bin eingedenk unserer Gespräche und ich weiß, wie sehr auch Sie sich dieses Ziel gesteckt haben. Ohne Sie hätten wir es nicht erreichen können.

Gestern sind die ersten 2.500 Exemplare fertig geworden und sofort auf Lastwagen verladen; von nun an wird die gesamte Auflage täglich mit je 4.000 Exemplaren geschubert und sofort abgefahren. Nach unserem raffiniert ausgeklügelten System werden am ersten Verkaufstag, Sonnabend dem 30. September, Exemplare in allen Buchhandlungen der Bundesrepublik, Österreichs und der Schweiz sein.

Ich versuche, Ihnen heute das eine der beiden Exemplare zu schicken, ich muß den Versuchscharakter erwähnen, denn wir werden Schwierigkeiten beim Versand in die DDR haben; auch hier steht das Volumen des Ganzen dem (postalisch) Üblichen entgegen. Falls es nicht gelingt, müssen Sie um eine Sondergenehmigung nachsuchen. Das gilt auch für die Dünndruck-Ausgabe, die Anfang nächster Woche fertig werden wird.

Ich habe bei den Kalkulationen 200 Frei-Exemplare für Sie vorgesehen. Wir müssen sehen, wie wir sie zu Ihnen schaffen.

Herzliche Grüße
Siegfried Unseld

1 Der Verlag gedachte Bertolt Brechts, der am 10. Februar 1968 siebzig Jahre alt geworden wäre, mit der Neuedition seines Werks in einer textidentischen Doppelausgabe: achtbändig in Leinen und Dünndruck, zwanzigbändig als werkausgabe edition suhrkamp. Die Startauflage der zwanzigbändigen Kassette lag bei 50.000 Exemplaren.

[23] *An Elisabeth Hauptmann, Ost-Berlin*
20. Dezember 1967

Liebe Elisabeth,
es ist mein letzter Arbeitstag, ich fahre Weihnachten über mit der Familie zum Skilaufen. Ich habe jedesmal dieselben Schwierigkeiten, von der Arbeit, die dann mit jahresendzeitlichen Überlegungen belastet ist, wegzukommen, aber es muß halt sein.

Wenn ich zurückdenke, so steht dieses Jahr im Zeichen der Brecht-Arbeit. Wir haben mit dieser Doppel-Ausgabe etwas geleistet, was in seiner Bedeutung und Wirkung noch nicht abzusehen ist. Was wird man in 50 Jahren darüber schreiben! Daß diese Ausgabe zu dem geworden ist, was sie faktisch darstellt, ist unser gemeinsames Verdienst, und Du hast daran den größeren Anteil.[1] Vielleicht honoriert Dir die Welt dies nicht, aber Du hast meine Bewunderung, meine hohe Achtung, von meiner Sympathie, Zuneigung und mehr zu schweigen. Ich werde dieses Jahr und vor allem Deine Arbeit an diesem großen Unternehmen nicht vergessen können, es wird mich die Strecke Wegs begleiten, die ich noch zu gehen habe.

Das ist alles etwas feierlicher geworden, als es mir vorschwebte, aber mein un-heiterer Charakter verstärkt sich eben am Jahresende.

Wie immer,
Dein Siegfried

---

[1] Die editorische Hauptarbeit an der Brecht-Ausgabe leistete Elisabeth Hauptmann.

[24] *An Volker Braun, Ost-Berlin*

19. August 1968

Lieber Herr Braun,
ich danke Ihnen für Ihren letzten Brief, der mich jetzt nach einer kurzen Reise erreicht.[1]
Von der Frage einer Auswahl Georg Maurer weiß ich nichts, aber ich nehme an, Sie haben darüber mit Herrn Boehlich für die BS diskutiert. Ich werde mit ihm sprechen.[2]
Nun zu Ihrem Gedichtband ›Wir und nicht sie‹. Ich möchte Sie zu diesen Gedichten beglückwünschen, ich freue mich, daß ich Gelegenheit habe, diesen Band hier zu machen. Ich werde mich gleichzeitig beim Mitteldeutschen Verlag um eine Lizenz bemühen.[3]
Ihre Gedichte stehen, wenn ich die gegenwärtige Gedichtlandschaft betrachte, ziemlich einmalig da. Sie handeln von Deutschland, von einem Ganzen also, über das unsere Politiker ja immer weniger reden. Sie verdeutlichen die Teilung und sind nicht vordergründig, kurzatmig oder gar nur rhetorisch auf Vereinigung aus, aber halten an der Nation im Ganzen fest. Ich sehe auch eine gewisse formal-literarische Auseinandersetzung mit den beiden deutschen Literaturen. Das mag in dem einen oder anderen Fall eine gewisse Gefahr für die Textstruktur sein, auch der Versuch, die beiden Literaturen, wenn auch polemisch, miteinander zu verklammern, führt da und dort zu Diskrepanzen.
Aus dieser Gesamthaltung ergeben sich die erwähnten großen Vorzüge, aber auch Schwächen, zu denen man kritische Einwände erheben muß. Die besten Gedichte sprechen von der DDR, die schwächsten von der BRD. Das ist kein Zufall, die DDR kennen Sie wir Ihre Hosen-

tasche, bei der BRD scheinen Sie allzu sehr auf Berichte angewiesen. Gegenüber Ihren früheren Gedichten haben Sie sich dort am stärksten entwickelt, wo Sie sich an Ihre eigene Erfahrung halten. Das gilt vor allem für den ersten Teil des Bandes, der ›Lagebericht‹ heißt. Sie haben hier etwas geschafft, was ganz selten geworden ist, ein Moment von Affirmation in die Poesie zu bringen, ohne zu heucheln und ohne zu lügen. Das ist in diesem Teil fast durchaus gelungen. Die Sprache ist nüchtern, die Metaphorik sparsam. Gelegentlich gibt es Passagen, die auf uns hier etwas übertrieben, kraftmeierisch wirken könnten. Aber dieses Moment der Überforderung trügt wahrscheinlich, vermutlich ist hier doch ein neues Selbstbewußtsein, das wir hier noch nicht erkennen, eine Art preußischer Klassizismus mit brisanten modernen Treibsätzen.

Demgegenüber wirken die Gedichte, die von der BRD handeln, merkwürdig blaß, gelegentlich antiquiert und dies vom Thema wie auch von der Behandlung der Metapher her. Kontrollieren Sie hierfür einfach die Gedichte wie ›Ansichtskarte‹, ›Goldene Höhe‹, ›Große Koalition‹, ›Der Notstand‹, ›Verständigung‹, und ›Ostermarsch‹. Diese Gedichte scheinen ungenau; ihnen ist nicht ihre Schärfe anzukreiden, sondern der Umstand, daß sie nicht richtig treffen, nicht richtig aufs Detail zielen (z. B. die ›Ansichtskarte‹, die Passagen, die sich auf die industrielle Verschmutzung beziehen). Diese Folgen der Industrialisierung sind keineswegs bloß für kapitalistische Gesellschaften spezifisch. Das schwächt den Angriff auf das westliche Gesellschaftssystem. Man merkt es diesen Gedichten an, daß sie eben im wesentlichen auf Zeitungslektüre basieren. Bei einzelnen Gedichten wie ›Die Straße‹

und ›Das deutsche Gespräch‹ ist die Fragestellung veraltet. Die Anlässe sind historisch geworden, man kann sich nur mit Mühe daran erinnern. Diese Anlässe waren ja auch nicht wichtig genug, Folgen auszulösen. Dazu kommt, daß diese Gedichte sehr lang sind, wahrscheinlich zu lang und in dem Band einen verhältnismäßig breiten Raum einnehmen.

Ganz anders wiederum das Gedicht ›Die Mauer‹, das scheint restlos gelungen.

Die Gedichte sind also dort sehr gut, wo Sie den Ausschnitt statt der Totalen, die genaue Erfahrung statt der prächtigen Metapher wählen. Deshalb ist ›Das weite Feld‹ ein besseres Gedicht als ›Schauspiel‹. ›Das Vogtland‹ stärker als ›An alle‹.

Sie sollten die Metaphern überprüfen:
Gleißende Grachten voll Schweiß
Ein Floß, geschnitzt aus Gedanken.

Auch einige Manierismen wären wohl zu beseitigen (etwa auf S. 8: »als unsre Sommer schneller brennt« in dem sonst sehr guten Gedicht).

Ich hoffe, Sie verstehen diese Einwände nicht falsch, sie sind keinesfalls ein Einwand gegen das Ganze, sondern gegen Details. Ich möchte diesen Band unbedingt machen und möchte Ihnen raten, einige Gedichte aus dem Teil ›Lokaltermin‹, auf jeden Fall das um den ›Ostermarsch‹ zu streichen. Vielleicht ist es Ihnen auch möglich, ein neues Gedicht über die westdeutsche Situation neu zu schreiben, indem Sie von dem ausgehen, was Sie aus eigener Erfahrung und Anschauung her kennen.

Und mißverstehen Sie nicht, wenn in diesem Brief das Kritische überwiegt, das soll nur ein Arbeitsmoment sein. Ich würde mich sehr freuen, wenn wir den Band im

Frühjahr machen könnten. Wie gesagt, ich wende mich an den Mitteldeutschen Verlag und hoffe, daß ich von ihm eine Lizenz erhalte.
Herzliche Grüße
Ihr Siegfried Unseld

P. S.
Wir haben übrigens, wie ich gerade feststelle, unter dem 28. Juni 1968 bereits den Mitteldeutschen Verlag um die Gewährung einer Lizenz für Ihren Band gebeten, sind aber bisher ohne Antwort geblieben. Wir schreiben heute noch einmal.

1 S. U. verbrachte ab der zweiten Augustwoche 1968 einige Tage in der Bretagne.
2 Volker Braun hatte am 30. April 1968 eine Zusammenstellung von Gedichten Georg Maurers an S. U. geschickt; der Band kam nicht zustande.
3 Volker Braun, *Wir und nicht sie*, erschien am 3. September 1970 als Band 397 der edition suhrkamp.

[25] *An Samuel Beckett, Paris*

16. Dezember 1968

Lieber Herr Beckett,
ich hoffte, im Dezember nach Paris zu müssen, dann hätte ich Sie besucht. Jetzt sieht es so aus, als käme ich erst im Januar oder Februar dorthin. Ich möchte aber die Nachricht, die ich Ihnen geben muß, nicht bis zu diesem Zeitpunkt aufschieben. Ich weiß nicht, ob Sie Informationen

darüber bekommen haben, daß die Lektoren des Verlages, unter Führung von Walter Boehlich, mir eine Lektoratsverfassung anbieten wollten, in der alle wichtigen Entscheidungen des Verlages mit einfacher Mehrheit, also neun Stimmen Lektoren und eine Stimme von mir, gefällt und ausgeführt würden. Es gab noch eine Reihe anderer Punkte, die eben darauf hinaus liefen, daß hier die Lektoren eine Entscheidungsfunktion haben wollten, ohne die Verantwortung für diese Entscheidungen zu tragen. Diese Verantwortung liegt allein auf meinen Schultern und ich trage sie allein. Ich habe mit den Lektoren diskutiert und wir haben eine sehr schöne Lösung gefunden. Wir haben eine Lektoratsversammlung eingerichtet, die wöchentlich tagt und in einer Art Diskussionsgemeinschaft die wichtigsten Vorgänge diskutiert und zur Entscheidung vorbereitet. Die Lektoren haben mein Recht und meine Pflicht auf unabhängige Entscheidung ausdrücklich bestätigt.[1]

Ich bin mit dieser Lösung sehr einverstanden, sie ist praktikabel und produktiv. Für Walter Boehlich war sie offensichtlich nicht weitgehend genug. Er hat leider in der letzten Zeit eine Wandlung durchgemacht und seine Auffassungen, daß Literatur, Literaturkritik, Literaturwissenschaft tot seien, führten ihn zu Konsequenzen. Er scheidet deshalb zum Ende dieses Jahres aus dem Verlag aus. Er bleibt jedoch in loser Mitarbeit dem Verlag verbunden, so lange er dies wünscht. Er erhält auch noch Gehaltszahlungen bis zu dem Zeitpunkt, an dem er selbst eine Gehaltszahlung nicht mehr möchte.[2]

Die Dinge sind natürlich komplizierter, als sie sich in einem Brief beschreiben lassen. Ich arbeite mit Walter Boehlich fast acht Jahre zusammen und kenne ihn in-

und auswendig. Ich weiß auch, daß er für Sie ein guter Verlagspartner war. Sie dürfen jedoch überzeugt sein, daß der Suhrkamp Verlag nach wie vor innere und äußere Anstrengungen machen wird, der Verlag Samuel Becketts zu sein. In meiner Haltung und in der Haltung des Verlages gegenüber Ihrem Werk hat sich nichts geändert und wird sich auch nichts ändern.

Ich hoffe, Sie fühlen sich einigermaßen wohl. Leider habe ich nichts mehr von der ärztlichen Behandlung Ihrer Augen gehört. Hoffentlich befinden Sie sich nach wie vor in guter ärztlicher Behandlung. Wenn Sie meinen Rat brauchen, stehe ich Ihnen auch in dieser Hinsicht zur Verfügung.

Mit freundlichen Grüßen
Ihr Siegfried Unseld

1 Der Konflikt manifestierte sich in einem Brief an S. U. vom 27. September 1968, die Unterzeichner: Walter Boehlich, Anneliese Botond, Karlheinz Braun, Günther Busch, Karl Markus Michel, Klaus Reichert, Hans-Dieter Teichmann, Peter Urban und Urs Widmer. Er endete mit einer Presseerklärung vom 6. November, in der die Geschäftsordnung der Lektoratsversammlung vorgestellt, aber auch »Pflicht und Recht des Leiters der Verlage zu unabhängiger Entscheidung« betont wurden. Zwei Tage zuvor hatten Walter Boehlich und Urs Widmer ihre Kündigung eingereicht, auch Klaus Reichert, Peter Urban und später Karlheinz Braun schieden aus dem Verlag aus. Die Dokumente zu dem Vorgang sind abgedruckt im Anhang von *Uwe Johnson – Siegfried Unseld. Der Briefwechsel*, hg. von Eberhard Fahlke und Raimund Fellinger, Suhrkamp Verlag, Frankfurt am Main 1999, S. 1137-1148.

2 Der Dissens mit Walter Boehlich über Tod oder Leben der Literatur trat bereits vor der Initiative der Lektoren auf.

[26] *An Marguerite Duras, Paris*

27. Mai 1969

Liebe Marguerite Duras,
ich danke Ihnen für Ihren Brief vom 13. Mai. Ich habe diesen Brief und seine Argumente hin und her bedacht. Hätten Sie gesagt, Ihre Arbeitsbeziehung bestände zwischen Braun und Boehlich, gut, ich hätte das eingesehen und Ihre Entscheidung im Hinblick auf den Verlag der Autoren verstanden. Aber ich kann mich nicht damit abfinden, daß diese Entscheidung eine »politische« gewesen ist, und daß Sie vorschlagen »diese Frage zu trennen« von den verlegerischen Dingen.[1] Das ist nicht möglich. Glauben Sie nicht, daß Autoren des Verlages, wie Martin Walser und Peter Weiss, sich diese Entscheidung genau überlegt haben? Rundum wird ja deutlich, daß der Verlag der Autoren sicherlich ein interessantes Modell ist (das ich unterstützt habe und das ohne mein Zutun gar nicht möglich gewesen wäre), aber diese Gründung hat nichts mit irgendeiner sozialistischen Idee zu tun. Sie unterliegen einem Trugschluß, wenn Sie das meinen, und ich wehre mich dagegen.[2]

Wir leben – wie wenig wir das schätzen mögen – in einer kapitalistischen Gesellschaft. Sie beziehen Ihr Honorar, und ich betreibe mein Geschäft in dieser Wirtschaftsstruktur. Wirkt ein kapitalistisch organisierter Verlag heute mit ganzer Kraft an der Erhellung der Basis mit, auf der er steht, trägt er objektiv mehr zum Fortschritt bei, als wenn er um dieses Fortschritts willen sich der Basis beraubte, die ihm die Wirkung ermöglicht: die Wirkung, von der einmal erwartet werden kann, daß sie die Gesellschaft selbst verändert.

Das ist eine Seite und soviel zum Politischen. Aber diese Fragen lassen sich nicht trennen von dem verlegerischen Aspekt der Geschichte. Da Sie darauf nicht eingegangen sind, möchte ich Ihnen einmal eine Bilanz aufmachen:
1.) ›Der Nachmittag des Herrn Andesmas‹ (›L'après-midi de M. Andesmas‹) August 1963
Auflage: 6.500. Bis heute verkauft: 4.306 Exemplare
Vorrätig: 398 gebundene Exemplare, 1.500 Rohbogen
2.) ›Die Verzückung der Lol V. Stein‹ (Le ravissement de Lol V. Stein) April 1966
Auflage 5.500 Ex. Bis heute verkauft: 3.054 Ex.
Vorrätig: 2.203 gebundene Exemplare
3.) ›Ein ruhiges Leben‹ (›La vie tranquille‹) Juni 1962
Auflage: 4.400 Ex. Bis heute verkauft: 982 Ex.
Vorrätig: 351 gebundene Ex., 3.063 Rohbogen
4.) ›Die Pferdchen von Tarquinia‹ (›Les petits chevaux de Tarquinia‹) April 1960
Auflage. 4.600 Ex. Bis heute verkauft: 1.515 Ex.
Vorrätig: 1.236 gebundene Exemplare, 1.200 Rohbogen
5.) ›Dialoge‹ Juni 1966
Auflage: 3.500 Ex. Bis heute verkauft: 539 Ex.
Vorrätig: 532 gebundene Exemplare, 2.100 Rohbogen
6.) ›Der Vize-Konsul‹ (›Le Vice-consul‹) März 1967
Auflage: 2.500 Ex. Bis heute verkauft: 1.028 Ex.
Vorrätig: 1.161 gebundene Exemplare
Die Titel in der edition suhrkamp spielen hier keine Rolle. Aus diesen Absatzziffern ersehen Sie, a) wie sehr sich der Verlag für Sie engagiert hat, b) welch ein Aufwand der Suhrkamp Verlag für Ihr Werk betrieben hat und welche Verluste er durch die noch nicht verkauften Bogen hat. Wir können das genau beziffern: zu 1.) ca. DM 1.900, zu 2.) ca. DM 2.200, zu 3.) ca. DM 10.000, zu 4.) ca.

DM 16.000, zu 5.) ca. DM 12.000, zu 6.) ca. DM 5.000. Insgesamt also DM 47.100. Dazu kommen die monatlichen Mieten für die nicht verkauften Bücher.

Ich kann Ihnen noch weitere Ziffern geben. Insgesamt hat der Suhrkamp Verlag für Übertragungen Ihrer Werke einen Betrag von DM 31.862 aufgewandt. Und darf ich daran erinnern, daß der Suhrkamp Verlag Ihnen für Buchhonorare einen Betrag von DM 19.606 und für Tantiemen und Lizenzen einen Betrag von DM 47.901 insgesamt überwiesen hat.

Auch wenn Sie Marxistin sind, so müssen diese Realien für Sie eine deutliche Sprache sprechen. Ich wäre Ihnen sehr dankbar, wenn Sie sich dieser Sprache nicht verschließen würden. Außerdem brauchen Sie sich nicht ein für allemal mit den Aufführungsrechten an den Verlag der Autoren zu binden (Sie können ja ein oder zwei Stücke diesem Verlag geben und andere Stücke dann wieder an uns). Eine totale Bindung an den Verlag der Autoren müßte hier im Hause Konsequenzen haben. Die Mitarbeiter des Suhrkamp Verlags leisten ihre Arbeit gern, aber auch sie brauchen den Rückhalt der Autoren. Ich bin der Meinung, daß der Verlag und der Theaterverlag Suhrkamp nach wie vor die Stätte ist, auf der Sie Ihre beste Wirkung als Schreiberin erzielen können.[3]

Mit herzlichen Grüßen
Ihr Siegfried Unseld

---

1 Marguerite Duras hatte erwogen, die Aufführungsrechte an ihren Stücken dem von ausgeschiedenen Suhrkamp-Lektoren mitgegründeten Verlag der Autoren zu übergeben. (Vgl. zu diesen Anmerkungen jene zu Brief 25.)
2 Die Gründung eines nach sozialistischen Prinzipien handelnden

Verlags zählte zu den Optionen, die in der Diskussion zwischen S. U. und dem Lektorat entwickelt wurden. S. U. bot Walter Boehlich, Günther Busch und Karl Markus Michel die Finanzierung eines solchen Unternehmens mittels drei persönlicher Darlehen von je DM 200.000 an, wofür die anderen Beteiligten jedoch die Haftung ausschlugen.

3 Marguerite Duras nahm Abstand von ihrem Trennungsplan.

[27] *An Herbert Marcuse, La Jolla, CA*

29. Mai 1969

Verehrter, lieber Herr Marcuse,
für Ihren Brief vom 23. Mai bedanke ich mich sehr. Ich bedauere sehr, daß Ihr Weg Sie nicht nach Frankfurt führt, aber ich respektiere Ihre Gründe. Sicherlich ist die Verbindung von persönlicher Freundschaft und politischer Loyalität eines der schwierigsten humanen Probleme und nicht immer mit der Formel zu decken »agree to disagree«.[1] Doch sehe ich auch diesen spezifischen Fall eingebettet in eine Entwicklung, die mir Sorge macht, da an deren Ende nicht eine Konzentration und Harmonie der progressiven Kräfte, sondern irgendwie ihre Zerstörung und Selbstzerfleischung steht. Dabei haben wir in allen Ländern der Welt Grund genug zusammenzurücken.

Werden Sie überhaupt nicht nach Deutschland kommen? Ich meine, Bloch habe mir gesagt, Sie würden in Berlin sprechen, und er, Bloch, denke auch daran hinzufahren. Wenn dem so ist, werde ich ebenfalls versuchen, nach Berlin zu kommen und Sie dort zu sprechen.[2] Ich würde mich gerne mit Ihnen über Ihre weiteren

Pläne unterhalten. Und wir sollten doch unsere früheren Absichten, eine Sammlung Ihrer Arbeiten zu publizieren, weiter diskutieren.
Mit guten Wünschen und freundlichen Grüßen
Ihr Siegfried Unseld

1 Aufgrund der angespannten Situation nach der Besetzung des Instituts für Sozialforschung durch Studenten am 31. Januar 1969 und der von Theodor W. Adorno und Ludwig von Friedeburg veranlaßten polizeilichen Räumung sollte Herbert Marcuses Besuch im privaten Rahmen in der Klettenbergstraße stattfinden. Entgegen Adornos Plan legte Marcuse Wert auf ein Treffen mit Studenten, was das Besuchsvorhaben scheitern ließ.
2 Zum nächsten Gespräch kam es am 1. Juli 1969 in Paris.

[28] *An Wolfgang Koeppen, München*

1. Juni 1971

Lieber Herr Koeppen,
es war gut, daß wir die Situation Ihrer Rechte so klar besprechen konnten, Ihr Brief vom 26. Mai ist ausgezeichnet und beschreibt die rechtliche Lage einwandfrei.[1]
Ich füge hier den Entwurf eines Briefes an Frau Grosche an. Sie ist ja nach wie vor Ihr Vertragspartner. Im Brief wird erwähnt, daß Sie Ihre Rechte vom 1. Juli an an einen »anderen« Verlag übertragen werden; dieser Hinweis ist richtig für den Fall, daß der Holtzbrinck-Konzern noch eine Aktion plant. Dann aber würde ich sagen, sollten auch wir, also der Verlag, dem Sie Ihre Rechte abtreten, in Erscheinung treten, einmal, damit Sie aus der Formalitäten-Diskussion ausgenommen sind, zum anderen, weil

dann die Situation für den Holtzbrinck-Konzern doch sehr gravierend wird.

Wir selber sollten dann, sobald der Holtzbrinck-Konzern der Lösung zustimmt oder diese Lösung juristisch geklärt ist, einen Vertrag schließen. Bevor wir diesen Vertrag abschließen, wäre es jedoch gut, wenn Sie mich in einem Briefe ermächtigten, Ihre Interessen zu vertreten. Einen solchen Vertragsvorschlag füge ich ebenfalls hier an.

Das Wichtigste, lieber Herr Koeppen, das wissen Sie, ist Ihr neues Buch. Wir müssen, müssen, müssen es in diesem Herbst schaffen. Wenn wir dieses neue Buch herausgeben können, verpflichte ich mich sofort, im Frühjahr 1972 eine Werk-Ausgabe Ihrer bisherigen Schriften herauszugeben. Ich meine, das wäre eine optimale Situation; im Spätherbst erscheint ein neues Buch, im Frühjahr die Werk-Ausgabe und, wenn irgend möglich, dann im Herbst 1972 ein neues Buch. Ich glaube, daß Sie dann auch aus dem »Schneider« der Vorauszahlungen heraus wären. Das wäre für Sie eine klare Lösung der Situation.[2]

Um diese Werk-Ausgabe vorzubereiten, würde ich, sobald Sie mit dem Manuskript fertig sind (und ich rechne hier einen Zeitraum von 3-6 Wochen) einen Mitarbeiter des Suhrkamp Verlags, Herrn Volker Michels, benennen, der zu Ihnen kommt, um a) eine Bibliographie Ihrer Arbeiten festzulegen; b) festzulegen, welche Texte in die chronologisch aufgebaute Werk-Ausgabe aufgenommen werden sollen; c) ich plane dann gleichzeitig entweder in der edition oder im Rahmen der suhrkamp taschenbücher einen Band ›Über Wolfgang Koeppen‹, sowie ich es für eine Reihe von anderen Verlagsautoren bereits realisiert oder geplant habe.[3] Auch dieser Band soll dazu dienen, Ihr Werk erneut in die Diskussion zu bringen.

Vordringlich oder das Wichtigste in unserer Situation ist, daß Sie wirklich diesen neuen Text jetzt abschließen können. Bitte, lieber Herr Koeppen, überschreiten Sie den Rubikon. Es ist die Situation des hic et nunc.
Herzlich
Ihr Siegfried Unseld

Anlage: Brief an Frau Grosche

P. S.
Für den Fall, daß Sie den Brief an Frau Grosche so absenden wollen, hat mein Sekretariat ihn mit Ihrem Briefkopf schon ausgeschrieben und auch das morgige Datum eingesetzt. Wie gesagt: für den Fall.[4]

1 Wolfgang Koeppen zog mit seinem Schreiben vom 26. Mai 1971 an Hildegard Grosche, Goverts Verlag, die Rechte an seinen sämtlichen Büchern zurück, nachdem sein alter Verlag vom Holtzbrinck-Konzern aufgekauft worden war.
2 S. U. bekundete seit 1959 gegenüber Wolfgang Koeppen sein Interesse an dessen Werk. Ende Juli 1971 vereinbarten beide die Übernahme aller Rechte durch den Suhrkamp Verlag zum 1. Januar 1972. Auf eine neue Arbeit wurde bis zum 7. September 1976 gewartet, dem Erscheinen von *Jugend* als Band 500 der Bibliothek Suhrkamp.
3 *Über Wolfgang Koeppen*, hg. von Ulrich Greiner, erschien am 9. August 1976 als Band 864 der edition suhrkamp; die *Gesammelten Werke in sechs Bänden* wurden von Marcel Reich-Ranicki in Zusammenarbeit mit Dagmar von Briel und Hans-Ulrich Treichel herausgegeben, Erscheinungstermin: 10. Juni 1986. Bis dahin lagen 13 Einzelausgaben vor.
4 Der Briefentwurf präzisierte in fünf Punkten rechtliche Fragen der Trennung Wolfgang Koeppens vom Goverts Verlag.

[29] *An Thomas Bernhard, Ohlsdorf*

15. Juli 1971

Lieber Thomas Bernhard,
›Gehen‹ ist von großer Art.¹ Ein ganzer Bernhard. Freilich der radikalste, entschlossenste, konsequenteste. Die Geschichte hat mich von Anfang bis zum Schluß fasziniert. Ich konnte nicht mit der Lektüre aufhören und erst bei der zweiten Lektüre war ich dann zu gewissen Überlegungen bereit. Ich beglückwünsche Sie zu diesem Text. Er wird Ihnen zwar manchen Ärger, aber auf die Dauer weiteren Bernhardschen Ruhm einbringen.
Es entspricht dem eruptiven Wurf dieses Textes, daß einige Flüchtigkeitsfehler, meistens auch Tippfehler, Ihnen unterlaufen sind. Das haben wir stillschweigend verbessert. Schwieriger war die Frage, zu entscheiden, wann bestimmte Adjektiva groß zu schreiben sind. Etwas Gemeines, etwas Niedriges, etwas Unverschämtes, etwas ungeheuer Trostloses – das müßte man doch wohl groß schreiben, denn sonst versteht man das nicht. Auf Seite 3 sind unklar die Zeilen 11/12, der Satz also: »… weil er am Montag wie am Mittwoch viel langsamer, am Montag viel schneller geht«.
Das sollten Sie für die Korrektur bedenken. Auf Seite 5 heißt es: »… daß wir … nur immer noch in eine größere Deprimation hineinkommen, als wir schon sind.«
Das muß wohl heißen: »… als die, in der wir schon sind«. Wollen Sie sich das für die Korrektur überlegen?²
Manchmal fehlt in Ihrem Text – so etwa auf Seite 18 in der 12. Zeile von oben – ein Reflexivum: »… daß gerade die außerordentlichen Köpfe … umbringen«.
Das muß wohl heißen: »… sich umbringen«.
Ich sehe nicht richtig die Funktion der Überschrift Seite

72

30: »Oehler zu Scherrer« und Seite 56: »Oehler sagt:«. Ich meine, auf diese Gliederung könnte man bei der durchgängigen Stringenz dieses Textes doch auch noch verzichten.
Bei der Korrektur sollten Sie auch noch einmal die verwandten Superlative bedenken. Es gehört zum Duktus der Sprache und dem des Textes, daß er über das Ziel hinausschießt. Ein Zeichen für mich sind dafür die verwandten Superlative. Ich habe hier große Schwierigkeiten; für mich gibt es total, aber keine »totalste« Weise; für mich gibt es eine vollkommene Untätigkeit, aber keine »vollkommenste« Untätigkeit; schlimm wird es dann für mich, wenn an einer Stelle von »epochemachendsten Gedanken« die Rede ist. Epochemachend läßt sich in dieser Weise nicht mehr steigern, eher noch könnte man sagen: »epochalste Gedanken«, aber die Steigerung des Verbs »machen« in dieser Verbindung ist grammatikalisch nicht stimmig. Wie im Manuskript des ›Kalkwerk‹ stört mich ganz empfindlich die Unterstreichung, die Sie wohl in Kursiv stehen haben wollen. Wir haben schon beim Manuskript des ›Kalkwerk‹ darüber gesprochen und Sie hatten Verständnis gehabt, daß wir das reduzierten. Die Sprache Ihres Textes, Ihre Stringenz, Ihr, wenn ich das so sagen darf, Preis, also die Schubkraft der Sprache, ist so herrlich und stark, daß Sie das nicht mehr nötig haben! Solche äußeren typographischen Dinge deuten ja eher auf eine Schwäche des Stils. Ich würde meinen, daß Sie das bei der Korrektur noch einmal genau überlegen sollten.
Nun aber zu dem für mich einzigen, wichtigen Einwand: ich verstehe völlig, was Sie im Zusammenhang Ihres Textes vom Unsinn des Kindermachens schrieben. Das so zu sehen ist nicht nur Ihr volles Recht, sondern es ist

stringent und überzeugend. Ich habe aber einen gravierenden Einwand gegen eine Konsequenz, so, wenn Oehler sagt (ich sehe wohl, es ist nicht das Ich des Autors und das Ich der Erzähler, sondern eben die »Kunstfigur« Oehler), daß es Aufgabe der Parlamente wäre, Gesetze gegen das kopflose Kindermachen zu beschließen (hier mache ich durchaus noch mit). Aber man soll ein Gesetz machen, das für kopfloses Kindermachen eine Höchststrafe feststelle (auch hier könnte man noch mitmachen). Dann folgt der Satz: »Als solche bezeichnet man bekannterweise die Todesstrafe, sagte Oehler, einzuführen und anzuwenden.«

Das ist nun ein Punkt, gegen den ich persönlich ganz grundsätzlich bin. Ich halte es für richtig, daß die Todesstrafe abgesetzt wurde, und zwar aus einem einzigen Grund: ich will nicht, daß ein Staat, sei's mit rechten oder linken Vorzeichen, das Recht hat, sich als Henker zu betätigen. Er mag meinetwegen sonst alle Rechte haben, aber die Bestimmung über das Leben des Menschen soll nach meinem Dafürhalten nicht mehr in die Hände eines Staates gelegt sein. Dies wie auch immer. – Gestern sah ich im Fernsehen Bilder von der Erschießung in Marokko.[3] Ich mußte daran denken, welche Konsequenz diese Ihre Feststellung haben kann. Ich möchte Sie sehr bitten, diese Stelle noch einmal in aller Konsequenz zu bedenken. Lassen Sie den Text stehen bis zum Wort »Höchststrafe«, aber streichen Sie bitte den sich anschließenden Nebensatz.[4] Es ist für mich die einzige Stelle in dem Text, in der er die sonstige bedeutende moralische und philosophische Höhe verläßt.

Wollen Sie sich das überlegen? Und bitte, seien Sie mir nicht böse, daß ich in diesem Punkt dringlich werde. Im übrigen wollen Sie überzeugt sein, diese Frage entscheiden Sie, nicht ich. Getreu nach jenem ungeschriebenen Gesetz hier im Hause, wonach der Autor das letzte Wort hat. Bis zu diesem Wort aber möchte ich kämpfen mit Ihnen.

Das Manuskript ist, nachdem ich es durchgesehen habe, sogleich in Satz gegangen. Aus Zeitgründen können wir keine Fahnen herstellen, sondern umbrechen gleich den Text. Der Umbruch ist uns für Freitag, den 30. Juli zugesichert worden. Das heißt, daß Sie ihn wohl Montag oder Dienstag, 2./3. August 1971 erhalten werden. Wo sind Sie da? Geht also der Umbruch nach Ohlsdorf oder nach Wien? Wir müssen das, bitteschön, ganz genau timen, und ich möchte Sie auch bitten, die Korrektur dann möglichst innerhalb von 3-4 Tagen wieder zurückzuschicken, denn sonst kommen wir in der Planung vollkommen durcheinander, und da der Band ja innerhalb einer Gruppe von 10 anderen Bänden steht, können wir keinerlei Terminverschiebung berücksichtigen. Aber ich glaube auch, daß an diesem Text nichts mehr zu ändern sein wird. Doch bitte, lassen Sie mich wissen, wo Sie sein werden.[5]

Ich möchte Sie gerne bald sehen, nicht nur, um mit Ihnen zu argumentieren, sondern um mit Ihnen zu gehen. Das wird sicherlich irgendwann einmal möglich sein. Morgen muß ich aus »dienstlichen« Gründen zu Ingeborg Bachmann fahren.[6] Sie hat ein Haus am Meer für den Monat Juli zur Verfügung gestellt bekommen, Villa Calamandrei, Ronchi/Prov. di Massa. Angeblich hätte dieses Haus sehr viele Schlafzimmer. Ihr Besuch wäre sicherlich erwünscht. Ich werde wahrscheinlich bis Donnerstag, 22. Juli dort sein und muß spätestens Freitag früh wieder zurückfliegen. Ich weiß nicht, welche Abstecher Sie planen.

Danach bin ich in Klausur mit Uwe Johnson wegen seines nächsten ›Jahrestage‹-Bandes und danach mit Martin Walser. Zweite Hälfte August bin ich wieder freier.[7]

Was unsere materiellen Vereinbarungen betrifft, so nehmen Sie bitte meinen Brief vom 23. Februar 1971 zur Hand. Dort ist von einem Konto B., »kommende Arbeiten« die Rede. Die monatlichen Zahlungen, die wir dort vereinbart haben in Höhe von DM 800,– enden am 31. August 1971. Wenn Sie damit einverstanden sind, verlängern wir diese Vereinbarung bis zum 31. August 1972 (mündlich können wir dann ja immer noch etwas anderes vereinbaren). ›Gehen‹ erscheint in den suhrkamp taschenbüchern, Ladenpreis DM 3,–, Honorar 7%, Auflage 15.000 Exemplare, also wird das insgesamt ein Honorar von DM 3.150,– ergeben, d. h. praktisch sind damit schon wieder vier Monatsraten abgedeckt.

Lieber Herr Bernhard, noch einmal meinen Glückwunsch zu ›Gehen‹. Gehen wir also.

Herzliche Grüße
Ihr Siegfried Unseld

---

1 Thomas Bernhard, *Gehen*, erschien am 24. September 1971 als Band 5 in der neu gegründeten Taschenbuchreihe suhrkamp taschenbuch.

2 Thomas Bernhard nahm die Hinweise auf (vgl. *Gehen*, S. 7 und 10f.).

3 Am 10. Juli 1971 unternahmen Offiziere der marokkanischen Armee einen vergeblichen Putschversuch gegen König Hassan II.; einige der Verschwörer wurden später hingerichtet.

4 Die Lösung lautet: »Aufgabe des Parlaments und der Parlamente wäre es, Gesetze gegen das kopflose Kindermachen zu beschließen

und durchzusetzen und für kopfloses Kindermachen die Höchststrafe, und jeder hat seine eigene Höchststrafe, sagt Oehler, einzuführen und anzuwenden.« (*Gehen*, S. 18)

5 Thomas Bernhard ließ sich den Umbruch nach Ohlsdorf schikken.

6 Der Besuch bei Ingeborg Bachmann in Ronchi dauerte vom 16.-23. Juli 1971, Gegenstand waren weitere Publikationen im Suhrkamp Verlag nach dem Erfolg von *Malina*. Der Roman erschien am 17. März 1971, im Juli folgte die dritte Auflage (21.-30. Tsd.).

7 Uwe Johnson, *Jahrestage 2*, erschien am 14. Oktober 1971. S. U. besuchte Martin Walser in Nußdorf während einer Reise durch Süddeutschland vom 29. Juli bis zum 5. August.

[30] *An Niklas Luhmann, Bielefeld*

16. August 1971

Sehr verehrter Herr Professor Luhmann,
ich möchte mich einmal bei Ihnen melden als Verleger des Theorie-Diskussionsbandes, in dem Sie und Habermas Ihre theoretisch-sozialtechnologischen Klingen kreuzen.[1] Ich freue mich, daß dieser Band auf ein besonderes Echo stößt. Wir haben seit dem Erscheinen im Mai 1971 immerhin 5.760 Exemplare verkauft, ich meine, das ist ein sehr schönes Ergebnis, wenn man die theoretische Höhe der Argumentation bedenkt. Die Dispositionsliste unserer EDV-Anlage weist für den Monat Juli einen Verkauf von 627 Exemplaren aus, das bedeutet, daß der Verkauf sicherlich in den nächsten Monaten anhalten wird.
Diese Diskussion war für mich in gewisser Weise auch eine Hinführung auf Ihre Arbeiten. Ich habe Ihre Aufsätze zur Theorie sozialer Systeme in dem Band ›Soziologi-

sche Aufklärung‹ gelesen. Ich würde mich freuen, wenn es möglich wäre, daß wir eines Tages zum Verlag Ihrer Arbeiten würden. Ich möchte Ihnen doch heute meine Bereitschaft dazu schreiben. Vielleicht haben wir auch einmal Gelegenheit, uns persönlich kennenzulernen. Ich bin vielleicht – und hoffentlich – gegen die Erwartungen, die man aus dem Suhrkamp-Programm folgern müßte, insofern ein altmodischer Mensch, als mir sehr viel an der persönlichen Begegnung liegt.

Meine Mitarbeiter haben vor einigen Wochen auf meine Bitte hin den Westdeutschen Verlag um eine Lizenz für Ihre ›Soziologische Aufklärung‹ gebeten. Wir wären gerne bereit, diese Aufsätze im Rahmen der neuen suhrkamp taschenbücher (st) herauszugeben; der Westdeutsche Verlag hat eine solche Lizenz jedoch abgelehnt. Wir bedauern das sehr. Sollte der Verlag einmal an Sie herantreten wegen einer möglichen Taschenbuchausgabe, wäre ich Ihnen sehr dankbar, wenn Sie unsere Bereitschaft, diese Aufsätze jederzeit in dieser Form zu bringen, gegenwärtig hätten.

Ich hätte noch eine weitere Überlegung: der im Verlag Mohr erschienene Band ›Zweckbegriff und Systemrationalität‹ würde sich nach meinem Urteil ebenfalls in der vorliegenden Form für die suhrkamp taschenbücher (st) oder für die von Habermas edierte Theorie-Reihe eignen. Ich weiß nicht, ob hier schon solche Überlegungen für eine billige Ausgabe bestehen. Würden Sie eine solche billige Ausgabe begrüßen?[2] Ich wäre Ihnen sehr dankbar, wenn ich von Ihnen hören könnte.

Mit freundlichen Grüßen
Ihr Siegfried Unseld

1 Jürgen Habermas/Niklas Luhmann, *Theorie der Gesellschaft oder Sozialtechnologie – Was leistet die Systemforschung?*, erschien am 5. Mai 1971 in der Reihe Theorie/Theorie-Diskussion.
2 Niklas Luhmann, *Soziologische Aufklärung* (Westdeutscher Verlag, Opladen 1970), erschien nicht im Suhrkamp Verlag; der Band *Zweckbegriff und Systemrationalität* wurde am 6. Juni 1973 als Band 12 im suhrkamp taschenbuch wissenschaft publiziert.

[31] *An Adolf Muschg, Meilen bei Zürich*

24. Januar 1972

Lieber Herr Muschg,
von Freunden höre ich, wie hervorragend Ihr Text war, den Sie vor kurzem – ich glaube in Österreich – vorgelesen haben. Das bringt mir natürlich sehr deutlich in Erinnerung, daß wir uns wegen dieses Romans bald sprechen sollten, von einer Begegnung mit »meiner« Übersetzerin ganz zu schweigen.[1]

Wie sieht das aus? Sie kommen zwar in entlegene Gegenden Österreichs, aber ganz offensichtlich nicht in so hochzivilisierte Mittelzonen wie Frankfurt. Ich selber komme am 11. Februar 1972 durch Zürich, freilich wird das nur ein verkürzter Aufenthalt sein. Doch wir könnten uns dann in jedem Fall sehen. Ist Ihnen das recht? Oder sollen wir zu einem späteren Termin ein etwas ausführlicheres Treffen planen?[2]

Bitte, lassen Sie von sich hören.
Freundliche Grüße, auch für Ihre verehrte Gattin,
Ihr Siegfried Unseld

1 Adolf Muschgs nächster Roman, *Albissers Grund*, erschien am 18. März 1974. In der Übersetzung von Hanna und Adolf Muschg erschien am 18. November 1969: Donald Barthelme, *Unsägliche Praktiken, unnatürliche Akte*.
2 Es kam zu einer Begegnung am 1. Februar 1972 in Zürich. Das für den Verlagseintritt Adolf Muschgs ausschlaggebende Gespräch führten er und S. U. am 11. Februar, wofür S. U. in Zürich seine Rückreise von St. Moritz unterbrach.

[32] *An Erica Pedretti, Celerina*

28. April 1972

Liebe Erica,
schönen Dank für Ihren Brief vom 25. April. Ich kann Ihnen eine gute Nachricht geben: ›Harmloses, bitte‹ wird ab 10. Mai wieder lieferbar sein.[1] Ich habe ein Machtwort gesprochen, und unsere Druckerei hat den Nachdruck vorgezogen. Deswegen konnten wir nun leider die jetzt angegebenen Korrekturen nicht mehr unterbringen. Nun hoffe ich, daß der Absatz anhält und daß das Bändchen weiterhin seine Wirkung tun kann. Ich freue mich sehr, daß Gian noch weitere Bilder verkaufen konnte, obschon ich die rote Sonne im Glas gerne hier gehabt hätte.[2]
Meine Erfolge sind daher etwas bescheidener; mein Abnahmespiegel pegelte sich auf 6 1/2 kg ein,[3] doch hier gab es gleich so viel zu tun, daß ich keine Gelegenheit hatte, darüber nachzudenken, wie wohl meine Kondition sich ausnimmt. Im Verlagswasser kann man halt nichts anderes als schwimmen.
Herzliche Grüße
Ihr Siegfried Unseld

1 Die Erstausgabe von Erica Pedretti, *Harmloses, bitte*, erschien am 23. Februar 1970, die Nachauflage wurde am 15. Mai 1972 ausgeliefert.
2 Erica Pedretti berichtete in dem genannten Brief von Verkäufen ihres Ehemannes, des Malers Gian Pedretti. S. U., Hilde und Joachim Unseld verbrachten den Jahreswechsel 1971/72 im Winterurlaub in der Schweiz und waren am 2. Januar bei Pedrettis zu Gast; wahrscheinlich lernte S. U. bei diesem Anlaß das genannte Bild zu schätzen.
3 Vom 10. bis 17. April 1972 absolvierte S. U. eine Fastenkur in St. Moritz.

[33] *An Peter Huchel, Staufen*

10. Juli 1972

Lieber Peter Huchel,
ich liege im Krankenhaus und studiere Ihre Gedichte, einzelne zweimal, dreimal lesend. Ich bin hocherfreut, wie sehr Ihnen diese Gedichte gelungen sind. Gelungen in der Verwandlung Ihres Denkens, Fühlens und Leidens als Verfemter und Einsamer hinter der Mauer in der Sprache, im Wort. Diese Gedichte sind eine bedeutsame Chronik Ihres Lebens, und sie werden auch hoffentlich vielen ihre erlittenen Erfahrungen mitteilen. Ich bin sehr froh, daß ich dieses Gedichtbuch machen kann.[1]
Ich hoffe, ich habe das Schlimmste überwunden. Wahrscheinlich werde ich in einer Woche wieder zuhause sein.[2]
Mir liegt daran, daß wir uns bald begegnen.[3]
Herzliche Grüße, auch für Ihre Frau,
Ihr Siegfried Unseld

– Herr Dr. Unseld diktierte diesen Brief im Krankenbett –
i. A.

1 Peter Huchel, *Gezählte Tage*, erschien am 26. September 1972.
2 S. U. zog sich am 15. Juni 1972 bei einem Autounfall nahe Heilbronn eine Gehirnerschütterung, Prellungen, einen Schlüsselbeinbruch und eine Kompressionsfraktur des achten Brustwirbels zu. Er wurde bis zum 27. Juni im Stadtkrankenhaus Heilbronn behandelt, worauf ein Aufenthalt in der Berufsgenossenschaftlichen Unfallklinik Frankfurt am Main bis zum 15. Juli folgte.
3 S. U. besuchte Peter Huchel auf einer Reise vom 4.-6. September 1972.

[34] *An Alexander Mitscherlich, Stanford, CA*

3. Januar 1973

Lieber Alexander,
es ist heute der 25. Dezember und ich sitze hier und studiere endlich in der gebotenen Ruhe meine Korrespondenz. Die letzten Tage des Arbeitsjahres waren von akuten Verpflichtungen allzu sehr belastet. Du hast sicherlich gehört, daß Günter Eich am 20. Dezember gestorben ist, es war am Schluß eher eine Erlösung, denn er hatte eine Folge von Infarkten zu durchstehen. Ich hatte versucht, noch eine neue ärztliche Behandlung einzuleiten, aber das ging nicht mehr. Jetzt werde ich in den nächsten Tagen zu Ilse Aichinger fahren, um ihr zur Seite zu stehen und um die ersten Fragen des Nachlasses zu klären. Ich bleibe dann in München, wo Hilde dann hinzukommt. Wir werden mit Ute und Jürgen Silvester feiern. Ihr werdet dabei sein.[1]

Im übrigen hatten wir gestern einen geradezu herrlichen Weihnachtstag. Vielleicht war es mein schönstes Weihnachten. Wir waren nur zu dritt, so konnte jeder für sich in Ruhe und Besinnlichkeit arbeiten. Joachim tippte im oberen Stock seine Tertial-Arbeit: ›Über die psychologische Notwendigkeit des Traums‹. Er versucht die Frage zu beantworten, warum wir träumen. Die mir so angenehme Melodie seines Schreibmaschineschreibens hat etwas Zukünftiges. Im unteren Stockwerk wirkte Hilde, empfing Besuche und Blumen, Telefonate etc. Ich arbeitete am Abschluß meiner Jahreschronik und telefonierte mit Frisch, Johnson, Hildesheimer, Huchel und Peter Weiss. Merkwürdig, wie doch verschieden unsere Koryphäen diese Tage erleben. Peter Weiss macht eine Verjüngungskur, da seine Frau ihm nun fast zu Weihnachten noch ein Kind zur Welt brachte; das mußte so sein.[2]

Abends gab es dann mein Lieblingsessen und mein Lieblingsgetränk: Heringssalat und Cuvé Dom Pérignon, und anschließend vertrugen wir drei uns erstaunlich gut. In Joachim wächst ein sehr vernünftiger Mensch heran, und ich spüre, welch eine Freude das für mich ist.

So long.

Hab herzlichen Dank für Deinen Brief und Deine Nachrichten. Ich werde Herrn König sogleich mitteilen, daß er Dahmers Manuskript ›Libido und Gesellschaft‹ in Satz geben soll.[3] Ich möchte es dann auch gerne bald lesen (die Klettenbergstraße ist zu einem ausgesprochenen Psychoanalyse-Nest geworden. Hilde bemüht sich sehr, Joachim nachzukommen!)

Wir schreiben an Random House und bitten um eine Option für Steven Marcus: ›Friedrich Engels, Manchester and the Working Class‹.[4]

Ich schreibe ebenfalls an Politzer, den ich ganz gut kenne (besser als er es weiß; ich war einmal mit der Schwester der Frau befreundet, mit der Politzer heute noch befreundet ist).[5] Ich freue mich sehr, daß Dir Dein neues Taschenbuch gefällt. Ich finde es einfach wichtig. Übrigens buchstäblich von der ersten Zeile bis hinein zum letzten Abschnitt, ich bin sicher, daß dieses Buch seine Wirkung tun wird.[6]

Ich kann nur hoffen, Dir möge es nun drüben gelingen, Dein großes Buch abzuschließen, enthält es doch eines der großen Themen, die zu lösen uns in unserer Zeit aufgegeben sind.[7] Und mache Dir keine Sorge wegen des Alterns, ich halte es mit der altmodischen Formel, daß jeder so alt ist, wie er dies subjektiv selbst bestimmt. Und solange wir noch Freude am Arbeiten und am Lieben haben, sind Grenzen und Wirkungen des Alterns unerheblich.

Ich finde es gut, daß Du mir schöne Plätze zum Schwimmen aussuchst, Mazatlán klingt schon so köstlich. Und Dein Vorschlag, zur Jahreswende 73/74 nach Tahiti zu fahren, ist jetzt schon angenommen. Das leuchtet mir sehr ein, und das sollten wir unbedingt machen.

Hilde grüßt Dich sehr herzlich. Dein Gedenken ist ihr ja wichtiger als der direkte gratulatorische Akt; sei also beruhigt. Grüße Margarete von uns. Wir vermissen sie, wie wir Dich hier vermissen.

Herzliche Grüße
Dein Siegfried

P. S.
Hast Du jetzt einen Titel für Balints Buch? Ich habe Herrn König verständigt.[8]

1 S. U. reiste vom 28. Dezember 1972 bis zum 1. Januar 1973 nach Groß-Gmain zu Ilse Aichinger, nach München zu Wolfgang Koeppen und nach Starnberg zu Ute und Jürgen Habermas.
2 Nadja Weiss wurde am 16. November 1972 geboren.
3 Helmut Dahmer, *Libido und Gesellschaft*, erschien am 18. Oktober 1973.
4 Steven Marcus, *Engels, Manchester and the Working Class*, wurde 1974 bei Random House, New York verlegt. Zu einer Lizenzausgabe im Suhrkamp Verlag kam es nicht; 1979 erschien allerdings von Marcus *Umkehrung der Moral* als Band 903 der edition suhrkamp.
5 Die Geschwister sind nicht ermittelt.
6 Alexander Mitscherlich, *Massenpsychologie ohne Ressentiment*, erschien am 8. Dezember 1972 als suhrkamp taschenbuch Band 76.
7 Die Vorarbeiten für ein Buch über Aggression, Repression und Grausamkeit gingen ein in Alexander Mitscherlich, *Toleranz – Überprüfung eines Begriffs*, erschienen am 24. Oktober 1974 als suhrkamp taschenbuch 213.
8 Michael Balint u. a., *Fokaltherapie. Ein Beispiel angewandter Psychoanalyse*, erschien am 22. März 1973.

[35] *An Marie Luise Kaschnitz, Frankfurt am Main*

12. Januar 1973

Liebe Leu,
ich möchte Dir heute zu unserer Eich-Unternehmung am 1. Februar noch einige Nachrichten geben. Alle von mir angesprochenen Autoren haben definitiv zugesagt; es gibt auch eine Übereinstimmung, daß wir an diesem Abend nicht über das Werk von Günter Eich sprechen, sondern nur aus seinem Werk lesen.[1]
Ich füge hier den Text meiner kurzen Begrüßung bei, aus

ihr ersiehst Du auch den Ablauf des Abends und die Teilnehmer. Eine zweite Liste gibt eine Übersicht, welche Texte die Autoren lesen wollen. Alle Beteiligten wissen, daß die Lesung etwa 6-8 Minuten dauern soll.
Ilse Aichinger wird mit Clemens und Mirjam anwesend sein, sie kommen bereits am 31. Januar nach Frankfurt.
Ich werde mit ihr und einigen Editoren am Nachmittag des 1. Februars über die geplante Eich-Gesamtausgabe konferieren.[2] Ilse Aichinger wird also am Nachmittag im Verlag sein. Ich möchte vorschlagen, daß wir uns alle um 18.00 h im Hotel ›Frankfurter Hof‹, Salon V, treffen und dann gegen 19.30 h in den Cantate-Saal gehen, der ja ganz in der Nähe ist. Im Anschluß an die Lesung im Cantate-Saal haben wir ein ›Treffen der Freunde Günter Eichs‹ in der Siesmayerstraße organisiert. Näheres ist aus beiliegender Einladung ersichtlich.
Wir haben noch nicht die Frage der Kosten bzw. der Honorare diskutiert. Der Verlag trägt die Kosten für die Saalmiete, den Empfang, die Organisation, auch die Hotelkosten für die anreisenden Autoren und für die Eich-Familie. Der Eintritt am Abend ist frei, es werden sich also keine Einnahmen ergeben. Ich nehme an, daß die beteiligten Autoren aus diesem Anlaß auf eigene Kosten nach Frankfurt kommen und für ihre Lesung kein Honorar wünschen. Den Abend selbst möchte ich sehr gerne auf Tonband aufnehmen und überlegen, ob wir daraus später eine Schallplatte machen.[3] In diesem Fall wird dann selbstverständlich ein Honorar anfallen, von dem ich aber auch vorschlagen möchte, daß wir es Ilse Aichinger zur Verfügung stellen. Ob eine Fernsehaufzeichnung erfolgt, die dann honoriert werden würde, vermag ich im Augenblick noch nicht zu sagen.[4]

Dies als Formalien. Ich freue mich sehr auf den Abend.
Herzliche Grüße
Dein Siegfried

Anlagen[5]

GÜNTER EICH ZU EHREN
Begrüßung durch Siegfried Unseld

»Den letzten Schlag / gab ich euch allen / Mich triffst du nicht mehr, /
solange ich auch rufe.«
Günter Eich ist am 20. Dezember 1972 gestorben.
Der Suhrkamp Verlag veranstaltet die Gedenkstunde ›Günter Eich zu ehren‹ heute, an Günter Eichs Geburtstag, gemeinsam mit den Freunden Günter Eichs und in Verbindung mit den vier Akademien und dem PEN-Club, denen Günter Eich als Mitglied angehörte.
Für die Bayrische Akademie liest Clemens Graf Podewils, für die Berliner Akademie Uwe Johnson, für die Darmstädter Akademie Karl Krolow, für die Mainzer Akademie Marie Luise Kaschnitz und für den PEN-Club Heinrich Böll.
Ich begrüße Sie, die Sie aus diesem Anlaß nach Frankfurt gekommen sind, an den Ort seines Verlages, und hierher in den Sendesaal des Hessischen Rundfunks, dem Günter Eich durch seine Arbeit, die Maßstäbe setzte, verbunden war und ist.
Unsere Gedenkstunde ist ausschließlich dem Werke Eichs gewidmet. Wir können uns dabei auf ihn selbst beziehen; es war sein Vorschlag aus Anlaß der Berliner Akademie-Feier zu E. T. A. Hoffmanns 150. Todestag,

nicht Texte über E. T. A. Hoffmann zu sprechen, sondern Schriftsteller zu bitten, das Werk zu lesen. Dieser Idee folgen wir, wenn wir die mit Günter Eich befreundeten Schriftsteller gebeten haben, die Stücke aus seinem Werk zu lesen, die ihnen selbst wesentlich sind.
Es lesen in alphabetischer Reihenfolge:
Peter Bichsel, Heinrich Böll, Max Frisch, Günter Grass, Peter Handke, Wolfgang Hildesheimer, Walter Höllerer, Peter Huchel, Uwe Johnson, Marie Luise Kaschnitz, Karl Krolow, Clemens Graf Podewils, Jörg Steiner.
Davor hören wir von Clemes Eich jene drei Gedichte, die er bei der Beerdigung seines Vaters am 22. Dezember gesprochen hat.[6]

1 Günter Eich wäre am 1. Februar 1973 66 Jahre alt geworden. Ursprünglich lud der Verlag mit einer Karte zur Gedenkfeier in den Frankfurter Cantate-Saal im Großen Hirschgraben ein, die Veranstaltung wurde jedoch wegen des großen Publikumsandrangs in den Großen Sendesaal des Hessischen Rundfunks verlegt. Die Beteiligten und das Programm gehen aus der Anlage zu dem Brief hervor.
2 Günter Eich, *Gesammelte Werke*, wurde in vier Bänden vom Suhrkamp Verlag in Verbindung mit Ilse Aichinger herausgegeben, Erscheinungstermin: 6. Dezember 1973. An der Ausgabe wirkten mit: Susanne Müller-Hanpft, Horst Ohde, Heinz F. Schafroth und Heinz Schwitzke.
3 Die Doppelschallplatten *Günter Eich liest Gedichte, Maulwürfe, Reden* und *Günter Eich zu ehren lesen aus seinem Werk: Clemens Eich, Peter Bichsel* [u. a.] erschienen am 13. Dezember 1974. S. U. gab etwa ein Jahr zuvor (Auslieferungstermin 6. Dezember 1973) den Sammelband *Günter Eich zum Gedächtnis* heraus.
4 Bisher ist nur der Vertrag über eine Radioausstrahlung des Veranstaltungsmitschnitts durch den Südwestfunk Baden-Baden am 1. Mai 1973 ermittelt.

5 Hier wird die Fassung für den Abend im Hessischen Rundfunk wiedergegeben. Ob der Begrüßungstext von S. U., den er zum Zeitpunkt der Planung für den Cantate-Saal an Marie Luise Kaschnitz sandte, hiervon abweicht, ist nicht ermittelt.

6 Das sind: *Kleine Tochter*, *Briefstelle* und *Elfenbein*. Abgeschlossen wurde die Veranstaltung von S. U. mit der Lesung von *Fortsetzung*. Das Programm der Lesung durch die Autoren: Peter Bichsel: *Peter Posthorn*, *Indogermanisch*; Heinrich Böll: *Pappeln*, *Weg zum Bahnhof*, *Camp 16*; Max Frisch: *Episode*, *Feste*; Günter Grass, Auszug aus Günter Eichs Büchner-Preisrede 1959; Peter Handke: *Ins Allgemeine*, *Hausgenossen*; Wolfgang Hildesheimer: *Kurz vor dem Regen*, *Baumwolle*, *Iecur*; Walter Höllerer: *Kater Murr*; Peter Huchel: *Nach Seumes Papieren*, *Augsburg*, *Nach dem Ende der Biographie*, *Optik*, *Philologisch*; Uwe Johnson: *Hilpert*; Marie Luise Kaschnitz: *Am Feiertag im 9. Mond der Brüder daheim gedenkend*, *Im Hirschpark*, *Verwehendes Nichts*; Karl Krolow: *Himbeerranken*, *D-Zug München – Frankfurt*, *Tauben*; Clemens Graf Podewils: *Der Schriftsteller vor der Realität*, Auszug aus der *Rede vor den Kriegsblinden*, *In anderen Sprachen*; Jörg Steiner: Dritte Szene aus *Unter Wasser*.

[36] *An Ingeborg Bachmann, Rom*

27. März 1973

Liebe Ingeborg,

Dein Brief aus Klagenfurt hat mich sehr bewegt. Der Tod eines Vaters ist mehr als der Tod eines sonst Verwandten, ein Stück Herkunft sinkt mit diesem Tod hinweg und irgendwie rücken wir selbst dem Tode ein deutliches Stück näher.[1] Ich drücke Dir herzlich die Hand, ich weiß wirklich, was es bedeutet. Mein Vater starb im Alter von 54 Jahren,[2] und ich bin 49 und weiß so ungefähr, was das

Lebensgefühl eines 54-Jährigen sein kann. Wiederum einmal mehr wirst Du erfahren, wie allein wir auf dieser Welt sind. Daß niemand bei einem ist und zu einem stehen kann, wenn es wirklich um Existentiales geht. Nehmen wir diese Einsamkeit hin und versuchen wir, an ihr produktiv zu werden.

Ich grüße Dich herzlich und bin ganz
Dein Siegfried

1 Ingeborg Bachmann informierte S. U. in einem Brief vom 18. März 1973 über den Tod ihres Vaters Matthias.
2 Vgl. Brief 1, Anm. 2.

[37] *An Ulrich Plenzdorf, Ost-Berlin*

27. April 1973

Sehr geehrter Herr Plenzdorf,
hier meldet sich Ihr westdeutscher Verleger zu Wort. Wir sind uns persönlich noch nicht begegnet, ich bedaure das sehr und hoffe, daß wir das bald nachholen. Ich wollte Ihnen nur sagen, daß Ihr Buch ›Die neuen Leiden des jungen W.‹. glänzend ankommt, bei der Kritik, beim Buchhandel und beim Leser. Wir haben eine Auflage von 5.000 Exemplaren gedruckt, die bald zuende geht und wir werden eine neue Auflage mit 5.000 Exemplaren vorlegen.[1] Die Kritik beschäftigt sich sehr nachhaltig mit dem Buch und so hoffe ich, daß wir noch viel Aufmerksamkeit für das Buch erregen. Wir trommeln natürlich auch ein wenig, wie Sie aus der beiliegenden Anzeige aus der Wochenzeitung ›Die Zeit‹ ersehen.

Uns allen macht es Spaß, für Ihr Buch einzutreten und ich hoffe auf eine gute Wirkung.
Ihr Siegfried Unseld

Anlage

1 Bis zum Jahresende betrug die Auflage 34.000 Exemplare, 1976 übersprang sie die Marke von 100.000.

[38] *An Dolf Sternberger, Darmstadt*
29. August 1973
Lieber Herr Sternberger,
schönen Dank für Ihren Brief vom 23. August. Es kann sich um kein Mißverständnis handeln. Karola hat mich angerufen und hat mich gebeten, ich solle ihr ein Exemplar des ›Panorama‹-Buches schicken. Ich möchte aber mein Exemplar doch nicht aus der Hand geben.[1]
Nach meiner Erinnerung war es nicht meine Person, die den Dialog wegen der Herausgabe dieses Buches als suhrkamp taschenbuch beendet hat. Wenn meine Erinnerung mich nicht trügt, so war mein Vorschlag, das ›Panorama‹-Buch mit einem Anhang zu bringen, in dem wir dokumentarische Materialien zur Aufnahme des Buches im Dritten Reich ausbreiten.[2] Darauf haben Sie nie geantwortet, jedenfalls, wenn ich mich recht erinnere. Wie ich ja überhaupt unsere Beziehung so sehe: ich bemühe mich um Sie, um Ihre Arbeiten (von meiner großen Verehrung für Ihre Gattin zu schweigen), doch Sie ziehen es vor, wie etwa im Falle des Heine-Buches, andere Verbindungen zu

realisieren.³ Ich kann mir ja nur den Vers machen, daß Ihnen irgend etwas an meiner Person nicht genehm ist, an meiner Verlagsarbeit kann's ja nicht liegen.
Schöne Grüße
Ihr Siegfried Unseld

1 Gemeint ist Karola Bloch. Die Erstausgabe von Dolf Sternberger, *Panorama oder Ansichten vom 19. Jahrhundert*, erschien 1938 bei Claassen & Goverts. Am 5. Juli 1974 kam der Titel als suhrkamp taschenbuch Band 179 in den Handel.
2 Auf den geplanten Anhang wurde verzichtet. Dolf Sternberger ging in seinem Vorwort zur Neuausgabe auf die seinerzeit positive Aufnahme des Bandes u. a. durch Ernst Bloch, Theodor Heuss und Max Rychner ein.
3 Dolf Sternberger veröffentlichte *Heinrich Heine und die Abschaffung der Sünde* 1972 bei Claassen, am 24. März 1976 erschien die Arbeit als suhrkamp taschenbuch Band 308.

[39] *An Friederike Mayröcker, Wien*

25. Juli 1974
Liebe Frau Mayröcker,
ich bin sehr froh, Ihnen heute schreiben zu können, daß wir Sie mit diesem voll gelungenen Prosa-Manuskript ›Das Licht am Ende des Tunnels‹ sehr gerne als Autorin des Suhrkamp Verlages sehen.¹ Meine Kollegen im Lektorat und ich sind der Meinung, daß Sie mit diesem neuen Manuskript Ihr bestes und klarstes Buch geschrieben haben.
Was Sie in dem Manuskript geschrieben haben, ist nicht eine Geschichte, die geradlinig wiederzugeben ist, Ihre

Prosa ist die Geschichte selbst. Sie ist Erinnern und zeigt, wie Erinnern bei einem schöpferischen Menschen arbeitet und produktiv wird.

Sie werden sicherlich eine Vorstellung von der Buchgestalt haben. Ich denke hier an einen Buchtypus wie bei Handke, ›Der kurze Brief zum langen Abschied‹ oder bei Plenzdorf, ›Die neuen Leiden des jungen W.‹ (Buchformen von Büchern, die der Verleger besonders gerne hat – nicht weitersagen!).[2]

Ich möchte Ihnen im Augenblick nähere Vertragsbedingungen noch nicht schreiben; vielleicht äußern Sie Ihre Vorstellungen. Es ist selbstverständlich, daß ich Ihnen die Bedingungen anbiete, über die die Hauptautoren des Suhrkamp Verlages verfügen.

Ich hätte noch eine Bitte: wir kennen Ihre Bücher, aber es wäre doch wichtig, wenn Sie uns zumindest leihweise Ihre letzten Bücher schicken könnten. Dann sollten wir auch die wichtigsten Besprechungen Ihrer früheren Bücher haben oder vielleicht besonders interessante Stimmen. Schließlich sollten wir exakte bio-bibliographische Angaben haben und möglichst jene Fotos, die Sie gerne auf den Innenklappen des Schutzumschlags sehen wollen. Noch eine Frage: die im Manuskript eingeklebten Fotos scheinen mir nicht wirklich wesentlich zu sein; manchmal fürchte ich fast, sie würden die Kraft der Prosa beeinträchtigen. Sollte man nicht doch auf sie verzichten?[3] Das ist keine Kostenfrage, sondern nur die einer wirklichen äußeren Geschlossenheit. Wir sind dann bereit, das Buch im Hauptprogramm des nächsten Frühjahrs herauszugeben.

Bitte, sehen Sie es mir nach, wenn ich diesen Brief nicht selbst unterschreiben kann. Ich diktiere ihn zu später

Stunde, da ich morgen zu einer kürzeren Reise nach Salzburg aufbreche.[4] Doch ich wollte Ihnen diese Nachricht doch so bald als möglich übermitteln.
Noch einmal: ich freue mich sehr auf diese neue Autorin des Verlages!
Herzliche Grüße
Siegfried Unseld

i. A.

[1] Aus diesem Arbeitstitel wurde *Das Licht in der Landschaft*, der Band erschien am 12. März 1975.
[2] Die Buchform: Englische Broschur, Format 20 x 12 cm, 140-180 Seiten.
[3] Auf die Photos wurde verzichtet.
[4] S. U. besuchte Ilse Aichinger, anschließend Thomas Bernhard.

[40] *An Walter Höllerer, Avegno/Valle Maggia*
15. August 1974
Lieber Walter,
hab herzlichen Dank für Deinen Brief vom 12. August. Er hat bei mir ein wahrhaft Höllerisches Lachen ausgelöst! Dies von A bis Z – so etwa, wenn Du schriebst, Du brächtest etwas aufs Papier was so aussieht, wie ich mir es erhoffe, und dann war in Klammern »irgendwo in der Maggia schwimmt die Familie«. Dies also der Titel des neuen Buches! Und die Geschichte mit dem Koffer ist ja wirklich ganz Thomas Mann oder sie entspricht jener Story von Verhinderungen, die Hilde aufschreibt. Die letzte: Thomas Bernhard sollte seine ›Korrektur‹ abliefern, aber

da verbrühte er sich, nicht das Bein oder den Zeh oder den Bauch oder die linke Hand, sondern die rechte Hand, mit der er fortan nicht mehr schreiben konnte.[1]

Ich freue mich, daß Du mit meinen Vorschlägen einverstanden bist. Die eingestrichene ›Elephantenuhr‹ soll im September erscheinen; die Essays, wenn irgend möglich, im Juni. Wir feiern ja am 1. Juli das 25jährige Suhrkamp-Jubiläum. Es wäre schön, wenn dann Dein Buch vorläge. Gedichte im Herbst.[2]

Ich bin sehr gerührt, daß Du am 28. aus Amerika nach Frankfurt zurückkommst. Ich werde mir etwas besonders Freundliches für Dich ausdenken, hoffend, daß Milva liebenswerte Blicke für Dich hat.[3]

Sehr herzliche Grüße,
auch für Renate,
Dein Siegfried

[1] Thomas Bernhard erlitt die Verbrennung, wegen der sich die Abgabe des Manuskripts verzögerte, Mitte Juni 1975 bei der Zubereitung von Tee.
[2] Die Erstausgabe von Walter Höllerer, *Die Elephantenuhr*, erschien am 28. Mai 1973; hier planten S. U. und Höllerer eine gekürzte Ausgabe, die am 7. Oktober 1975 als suhrkamp taschenbuch Band 266 erschien.
[3] S. U. feierte am 28. September 1974 seinen 50. Geburtstag im Hotel Sonnenhof, Königstein im Taunus. Die Sängerin Milva interpretierte Bertolt-Brecht-Vertonungen. Walter Höllerer verband den Besuch der Feier mit der Entgegennahme des erstmals von seiner Geburtsstadt vergebenen Kulturpreises der Stadt Sulzbach-Rosenberg am 29. September 1974.

[41] *An Karl Dedecius, Frankfurt am Main*
6. Januar 1975
Lieber Herr Dedecius,
haben Sie Dank für Ihren ausführlichen Brief vom 1. Januar. Ich bin besonders bewegt, daß Sie gerade an diesem Tag meiner gedacht haben und daß Sie diese Zeilen in dieser Weise niedergeschrieben haben. Seien Sie unbesorgt, ich habe Ihre letztjährige Weihnachtsgabe, jenes eigenwillige Liebesgedicht von Achmatowa durchaus in dem Sinn aufgenommen, in dem Sie es mir schickten, und in dem Sie es jetzt beschreiben.[1]
Ich glaube, wir alle, die wir uns um die Sache des Buches bemühen, können unsere Arbeit nur leisten, wenn wir sie wirklich aus innerer Freude heraus tun. Sonst wird alles purer Job – und das heißt dann nur angestrengt bemüht. Nur wer mit Intensität, Spontaneität und Phantasie arbeitet schafft etwas, was bestehen bleibt.
In diesem Sinne sehe ich auch Ihre Überlegungen zu den ›Polnischen Profilen‹. Ich folge also Ihrem Vorschlag, zunächst ein Buch mit 6 Porträts zu machen. Wir können dann in gutem Abstand einen zweiten Band folgen lassen.[2]
Ich grüße Sie herzlich und wünsche Ihnen und Ihrer verehrten Gattin alles Gute zum Neuen Jahr.
Siegfried Unseld

1 Karl Dedecius schrieb am 1. Januar 1975, er habe mit dem seinem Neujahrsgruß von 1974 beigelegten Gedicht von Anna Achmatowa den eigenen Wunsch nach einer über das »Geschäftliche« hinausgehenden, freundschaftlichen Beziehung zwischen Autor und Verleger ausdrücken wollen. Das Gedicht ist nicht ermittelt.
2 Karl Dedecius, *Polnische Profile*, erschien am 25. September 1975. Dedecius stellt darin sechs Autoren vor: Adolf Neuwert Nowa-

czyński, Konstanty Ildefons Gałczyński, Stanisław Jerzy Lec, Julian Przyboś, Tadeusz Rózewicz, Zbigniew Herbert. Ein zweiter Band folgte nicht. Im Herbst 1982 erschienen die Bände 1-5 der von Dedecius herausgegebenen Polnischen Bibliothek, ursprünglich auf 25 Bände angelegt und zur Buchmesse 2000 mit Band 50 abgeschlossen.

[42] *An Peter Handke, Paris*

3. März 1975

Lieber Peter,

Deinen Brief vom 21. Februar habe ich mehrmals gelesen. In meiner, von Dir so gesehenen Beziehung zu Deinem neuen Buch ›Die Stunde der wahren Empfindung‹ tust Du mir schmerzhaft unrecht. Als ich das Manuskript erhielt, habe ich es sofort gelesen, und ich habe gleich zum Telefon gegriffen, um Dir meine echte und ehrliche Begeisterung auszudrücken. Ich kann in diesem Ausdruck weder etwas Pflichtbewußtes noch etwas Unpersönliches sehen, ich habe ja leider bei meinen Lektüren wenig Gelegenheit, Begeisterung auszudrücken. Und wenn ich Dir als Freund und Verleger den Satz sagte »Das Buch wird seine Leser finden«, so heißt das unter uns Leuten vom Fach ja wohl nicht, daß es neue Leser suchen müßte, sondern daß ich überzeugt bin, daß wir mit diesem Buch einen riesigen Leserkreis erreichen werden. Du wirst Dich dann erinnern, daß wir in einem französischen Restaurant auch noch kleine Korrekturen besprochen haben. Dein Manuskript war ja von der Art, daß von einem Lektor in diesem Fall wirklich nichts mehr hinzuzufügen und auch nichts mehr zu ändern und vorzuschlagen war. Ich weiß deshalb wirklich nicht, warum Du zu der Ansicht kommst, das Buch würde mich nicht interessieren. Ich habe es bewußt bei allen internen Überlegungen an die Spitze unseres Programmes im 1. Halbjahr gestellt, absolut an die Spitze des Jubiläums-Programmes des Verlages.[1] Das wirkt sich zunächst intern aus, weil bei den Ankündigungen vor Erscheinen des Buches die Bücher nach außen hin gleich behandelt werden müssen. Deshalb die alphabetische Folge im gedruckten Programm wie in der ›suhrkamp-information‹.[2] Aber das wird sich ja dann ändern.

Du schreibst, daß Du, nachdem Du die Ziffer 5.000 Exemplare gehört hast, ein »Gefühl der Jämmerlichkeit« hattest.[3] Wiederum kann ich das nicht verstehen. Denn, lieber Peter, ich habe Dir gesagt, daß diese Ziffer die höchste ist, die wir in diesem Frühjahr von einem Buch erreicht haben. Das liegt über den begehrten Hesse-Titeln und über dem Brechtschen ›Tagebuch‹. Aber ich sagte Dir auch, daß das ein Ergebnis von 120 Buchhandlungen ist, insgesamt werden ja alleine in der Bundesrepublik 1.200 Buchhandlungen besucht. Und in diesen Ziffern war kein Grossist enthalten und keine Bestellung aus der Schweiz, Österreich und Berlin. Wir liefern das Buch am 12. März aus,[4] und ich bin dann sicher, daß wir 10 bis 11.000 Exemplare am Tage des Erscheinens ausliefern. Das ist ein gutes Ergebnis, denn wir können mit Sicherheit rechnen, daß eine so große Erstverbreitung kumulierend wirkt.

Was das Werbekonzept betrifft, so haben wir uns vor Erscheinen des Buches auf interne Buchhandelswerbung beschränkt. Die ›suhrkamp-information‹ geht in einer Auflage von 40.000 Exemplaren jetzt heraus. Ein Exemplar geht Dir zu. Es handelt sich um Adressen, die wir seit

Jahren gesammelt und gefiltert haben. Es sind im spezifischen Sinne literarisch interessierte Leute. Beim Erscheinen sind unsere üblichen Anzeigen in der ›Zeit‹ geplant. Wir werden dann jedoch auch Anzeigen in der ›Presse‹ Wien und in der ›Weltwoche‹ einschalten. Dann wird es eine Pause von etwa vier Wochen geben bis die ersten Rezensionen veröffentlicht sind. Diese Rezensionen nehmen wir auf. Es wird dann einen Spezialprospekt geben, den wir in einer Auflage von etwa 150.000 Exemplaren Büchern und Zeitschriften beilegen. Danach sind Anzeigen in der ›FAZ‹, ›Welt am Sonntag‹ und ›Spiegel‹ geplant. Du kannst also überzeugt sein, daß wir in jeder Weise trommeln werden.

Wenn ich Dich am Telefon frage, was Du machst, so geschieht das aus einem innersten Interesse an Deinen Arbeiten heraus, weder aus Mißtrauen noch aus Verdacht, Du lebtest so in den Tag hinein. Wie kannst Du nur auf so etwas kommen.

Achternbusch, ›Die Stunde des Todes‹ erscheint ebenfalls Mitte März, selbstverständlich geht das Exemplar Dir zu. Von Koeppen habe ich noch kein Manuskript.[5]

Lieber Peter, es ist gut, daß Du mir das, was Du empfindest, so ausführlich geschrieben hast. Ich hoffe, es ist damit auch aus-gesprochen. Ich habe großes Verständnis für Deine Sensibilität, die meine liegt auf einer anderen Wellenlänge, aber das mußt Du auch verstehen. Sei bitte sicher, daß ich Dein Buch sehr mag, ja, daß ich es liebe, und daß ich alles in meinen Kräften Stehende tun werde, dies durch den Verlag und auch durch den Markt hindurch umzusetzen.

Herzliche Grüße,
Dein Siegfried

1 Der Suhrkamp Verlag bestand am 1. Juli 1975 seit 25 Jahren.
2 Heft 1 der *suhrkamp information* erschien 1970, das Werbemittel trat an die Stelle des 1968 nach Heft 30 eingestellten Hausorgans *Dichten und Trachten*.
3 Peter Handke, *Die Stunde der wahren Empfindung*, erschien am 12. März 1975 in einer Startauflage von 27.000 Exemplaren. Bereits am 9. Juni wurde die zweite Auflage (28.-42. Tausend) ausgeliefert. Inklusive der späteren Ausgaben beträgt die Gesamtauflage des Buchs 137.500 Exemplare.
4 Das Datum war im Brief offen gelassen worden.
5 Vgl. Brief 28, Anm. 2.

[43] *An Hermann Lenz, Stuttgart*

14. Juli 1975

Lieber Hermann Lenz,
ich habe Ihnen verspätet sehr herzlich zu danken für die Zusendung Ihrer Bücher. Es war durchaus nicht gemeint, daß Sie mir in jedes Ihrer Bücher eine Widmung schreiben sollten. Nun ist dies aber geschehen und ich danke Ihnen herzlich. Denn das war für mich nun doch die zweite »Einladung, Hermann Lenz zu lesen«.[1] Ich habe viel in diesen Büchern geschmökert und habe nun ein gutes und deutliches Bild von Ihren Arbeiten. Und ein anderer Eindruck stellte sich ein: die Art Ihres Schreibens ist mir ungemein sympathisch. Sie schreiben einen wirklich klassischen Stil, der für die sogenannte kritische Öffentlichkeit vielleicht den Nachteil hat, daß er nicht immer zeitgemäß oder gar modisch erscheint, der aber letztlich doch den Vorteil hat, daß er Ihre Arbeiten lebendig durch die Jahre und Jahrzehnte trägt.

Wir sollten uns überlegen, wie wir weiterverfahren. Was wir nun von diesen älteren Werken wieder ans Licht heben, und wie wir das machen sollen. Es ergeben sich hier zwei Möglichkeiten: Die Bibliothek Suhrkamp und die suhrkamp taschenbücher. Wir sollten den Versuch machen, eine Kontinuität zu schaffen, und meine Vorstellung wäre, im Jahres- oder Zweijahres-Abstand in den suhrkamp taschenbüchern die Romane zu bringen, also zu beginnen mit ›Augen eines Dieners‹, ›Verlassene Zimmer‹, ›Andere Tage‹ und ›Im inneren Bezirk‹. Zu gegebener Zeit dann auch die ›Neue Zeit‹. In der Bibliothek Suhrkamp sollten wir noch ein oder zwei Titel bringen, die sich besonders für diese Bibliothek der »Klassiker der Moderne« eignen. Ich denke hier etwa an die Titel ›Spiegelhütte‹ oder ›Dame und Scharfrichter‹ (ist das Ihre letzte Erzählung vor der ›Neuen Zeit‹, der Text hat mir sehr gut gefallen!). Man könnte aber auch an Ihre früheren Arbeiten denken: ›Der russische Regenbogen‹ und ›Nachmittag einer Dame‹.[2]

Es wäre mit lieb, wenn Sie sich dazu äußerten und mir einen Brief schrieben, wie Sie den Zusammenhang Ihres Werkes sehen.

Nun mache ich Ihnen schon wieder Mühe.

Mit herzlichen Grüßen

Ihr Siegfried Unseld

---

1 S. U. zitierte Peter Handke, der seinen Artikel *Tage wie ausgeblasene Eier. Einladung, Hermann Lenz zu lesen*, am 22./23. Dezember 1973 in der *Süddeutschen Zeitung* veröffentlichte.

2 Als erster Titel von Hermann Lenz in der Bibliothek Suhrkamp erschien als Band 428 am 5. Februar 1975 *Der Kutscher und der Wappenmaler*.

[44] *An Thomas Brasch, West-Berlin*

14. Januar 1977

Lieber Herr Brasch, mein Kompliment zur Sendung in
›Titel, Thesen, Temperamente‹. Sie waren großartig.
Ich höre von Elisabeth Borchers und Herrn Storch, daß Sie
sich nun für Suhrkamp entschieden haben, und zwar mit
den Publikationen wie den Aufführungsrechten. Ich freue
mich darüber sehr. Ein Vertrag wird Ihnen in Kürze zugehen. Ich wünsche mir einen langen und produktiven Weg.[1]
Sie haben Herrn Storch gebeten, die Aufführungsrechte
auf fünf Jahre zu disponieren. Bitte verstehen Sie, daß ich
bei diesem Punkt doch sehr zögere. Wenn ich Ihnen diese
Kündigungsmöglichkeit einräume, so ist dies ein Präjudiz, das alle anderen Autoren auch beanspruchen könnten – und das kann ich vom Gefüge des Verlages her nicht
machen. Ich versichere Ihnen aber hiermit eines (und auf
diesen Brief können Sie sich berufen): Wenn Sie das Gefühl haben, gehen zu wollen, zu welchem Zeitpunkt auch
immer, und wir beide haben Belege für diese Absicht,
dann haben Sie diese Möglichkeit. Der Suhrkamp Verlag
möchte attraktiv sein für seine Autoren, wenn dies nicht
mehr der Fall ist, stimmt auch die Beziehung zwischen
Autor und Verlag nicht mehr. Es gibt einige Fälle, in denen Autoren uns auf eigenen Wunsch verlassen haben
und dies reibungslos und leicht möglich war. Bitte lassen
Sie sich das durch den Kopf gehen. Wenn Sie dem zustimmen, so hoffe ich nur, daß Sie kein Aufheben von diesem
Brief und dieser Zusage machen, sie gilt, sie gilt für Sie.
Mit freundlichen Grüßen
Siegfried Unseld

1 Thomas Brasch, *Kargo*, erschien am 29. Juni 1977.

[45] *An Tankred Dorst, München*

5. Januar 1978

Lieber Herr Dorst,
haben Sie Dank für Ihren Brief vom 31. Dezember. Ich habe lange über ihn nachgedacht und mir hin und her überlegt, warum wir solche Schwierigkeiten miteinander haben. Da mag es diesen und jenen Grund geben, entscheidend ist wohl, daß ein Teil Ihrer Bücher und Rechte bei Kiepenheuer & Witsch liegen, und Sie sich im Grunde nicht entscheiden wollen, wohin Sie letztlich Ihre Rechte geben möchten.[1] Vordergründig mag es für Sie von Vorteil sein, auf zwei Klavieren spielen zu können und Vorteile zweier Verlage auszunützen, aber es gibt hier auch Nachteile, die besonders wiegen.

Sie wissen, lieber Herr Dorst, daß die Beziehung eines Autors zu einem Verlag nicht nur eine sachliche, sondern auch eine psychologische Seite hat. Man kann nur vermuten, wie oft Sie in Frankfurt sind, und wir wissen ja beide, wie wenig Sie hier im Verlag waren. Und ein Verlagshaus besteht auch nicht nur aus dem Verleger, wir haben hier Mitarbeiter, die nun 25 Jahre im Hause arbeiten, einige über 20 Jahre und sicherlich eine gute Schicht von über 10 Jahre hier Arbeitenden. Auch diese Mitarbeiter haben ein Gefühl dafür, wie ein Autor zum Hause steht.

Wir haben damals, am 1. Oktober 1976 besprochen,[2] daß wir doch den Versuch machen wollten, für Sie *eine* verlegerische Heimat zu schaffen. Lieber Herr Dorst, das ist der Punkt, und ihn sollten wir doch noch einmal gemeinsam prüfen. Ich bin dazu bereit, aber ich brauche auch Ihre Bereitschaft, Ihr Wollen. Für eine solche Verbindung ist es schwer, wenn Sie rationale Überlegungen, die wir vom Markt aus anstellen müssen, mit einem Entzug eines Aufführungsrechtes als Strafe beantworten. Man kann Erscheinungstermine und Ausgaben ja immer diskutieren, wir sind auch beweglich. Doch muß man freilich bei der Publikation älterer, bereits bekannter und schon vielfach publizierter Texte vorsichtig sein, das hat nichts damit zu tun, daß daneben, und zwar unabhängig davon, neue Dinge zum ersten Mal gebracht werden können. Es gilt also gewißlich nicht das, was Sie da schreiben: »Also wiederum für den Verlag zuviel Dorst.« Sie haben uns als Herausgeber der beiden Stücke-Bände Herrn Dr. Mensching genannt. Wir haben einen Vertrag mit ihm. Danach sollten die Manuskripte für die beiden Bände längst abgeliefert sein, denn sie sind ja für März angekündigt. Heute teilt uns auf Drängen Dr. Mensching mit, daß er die Manuskripte am 20. März erst abliefern wolle. Ich persönlich kann nicht verstehen, warum das für Dr. Mensching so schwierig ist, denn schließlich wird er Ihre Stücke ja nicht umschreiben, und die besprochenen Zugaben sind doch so gewaltig auch nicht. An dieser Verzögerung ist der Verlag wirklich nicht schuld.[3]

Als wir am 1. Oktober 1976 sprachen, haben wir uns überlegt, den Molière-Band im Rahmen der insel taschenbücher herauszugeben. Sie hatten da einen zusätzlichen Plan entwickelt. Ihnen schwebte ein besonderes Buch vor, eine Mischung zwischen einem Molière-Lesebuch und unserer Form ›Leben und Werk in Daten und Bildern‹. Also ist der Plan der Molière-Stücke im nachhinein entstanden.[4]

Was machen wir also? Mein Vorschlag: Sie bedrängen Herrn Dr. Mensching, daß er die Texte doch schon früher, spätestens bis zum 15. Februar abgibt. Zweitens: wir ver-

pflichten uns in diesem Fall, die Bände am 1. Juni herauszugeben.
Drittens: den Molière-Band bringen wir dann ebenfalls zum 1. Juni, so daß dann drei Bände von Ihnen erscheinen, also dann doch eine Art Ausgabe. Soll dieser Band auch von Herrn Mensching herausgegeben werden oder ist das nicht erforderlich?
Viertens: die Neuauflage des ›Toller‹ ist zum 1. August geplant.
Fünftens: die Filmerzählung ›Klaras Mutter‹ bringen wir dann in den suhrkamp taschenbüchern im Oktober.[5]
Sechstens: wir sind gerne bereit, im nächsten Herbst im ›Spectaculum‹ ein Stück von Ihnen aufzunehmen. Vielleicht machen Sie hier einen Vorschlag.[6] Was die neuen Stücke betrifft, so sollte man deren Publikation nach den Uraufführungsterminen richten.
Lieber Herr Dorst, ich finde das eine sinnvolle Sache und das ist auch zu realisieren, aber auch Sie müssen auf diesen Verlag und seine Mitarbeiter zugehen. Auch Sie sollten, im Hinblick auf Ihre Arbeiten, an diesen Verlag denken. Ich bin überzeugt, daß wir dann eine neue Selbstverständlichkeit unserer Beziehung erreichen.
Schöne Grüße
Ihr Siegfried Unseld

1 Tankred Dorst legte zwischen 1962 und 1971 sieben Titel im Verlag Kiepenheuer und Witsch vor.
2 S. U. war am 1. Oktober 1976 in Berlin, dort inszenierte Samuel Beckett die deutsche Erstaufführung seiner Stücke *Damals* und *Tritte* (Werkstatt Schiller-Theater).
3 Tankred Dorst, *Stücke 1* und *Stücke 2*, hg. von Gerhard Mensching, erschien am 27. Juli 1978 als suhrkamp taschenbuch Band 437/438.

4 Auch für Molière, *Drei Stücke (Der Geizige. Der eingebildete Kranke. George Dandin)*, übersetzt von Tankred Dorst, suhrkamp taschenbuch Band 486, ist als Auslieferungstermin der 27. Juli 1978 verzeichnet.
5 Tankred Dorst, *Klaras Mutter*, erschien am 15. November 1978 in englischer Broschur.
6 Von Tankred Dorst erschien 1979 kein Stück in *Spectaculum*. Er ist von 1968 (Band 11) bis 2003 (Band 74) mit 17 Stücken in der Reihe vertreten.

[46] *An Jurek Becker, Oberlin, OH*

17. Februar 1978

Lieber Jurek Becker,
ich stelle mir vor, Sie kommen da in Oberlin an, von einigen wenigen freundlichen Leuten empfangen. Sie nehmen den Empfangsdrink, dann sitzen Sie da in Ihrer Behausung und fragen sich, »Warum bin ich eigentlich in Oberlin?«[1]
Aber eine Beruhigung kann ich Ihnen geben, hier im Verlag wird alles getan, die ›Schlaflosen Tage‹ zu einem Erfolg zu machen.[2] Sie haben ja auch das Ihre für die Vorwerbung getan, das möchte ich festhalten.
Wir haben heute einen Werbe-Sonderplan vorgelegt, Sie werden dann sehen, daß wir in ›Spiegel‹, ›Zeit‹, ›FAZ‹ immer wieder in Anzeigen auf Becker und Walser,[3] Walser und Becker hinweisen. Insofern sollen Sie also das Gefühl haben, daß Ihr Pferdchen hier für Sie läuft, der Wagenlenker wird, nach einem achttägigen Aufenthalt im Schnee, wo er Kräfte sammeln möchte, auch auf Posten sein.[4] Wir freuen uns sehr, daß die Auspizien so gut sind.

Haben Sie es also besser in Oberlin, lassen Sie sich verwöhnen und von den Amerikanerinnen nicht allzu vereinnahmen.
Ich weiß, daß ich Sie dann ab Herbst mit »Herrn Professor« anreden muß.[5]
Ich fliege am 29. April gen Washington, ich gebe Ihnen aber noch meine Termine. Es wäre schön, wenn wir uns irgendwo am Ufer des Ozeans sähen und uns am kalifornischen Wein berauschten.[6]
Herzliche Grüße –
Ihr Siegfried Unseld

1 Jurek Becker war ab Mitte Februar 1978 »Writer in Residence« am Oberlin-College, Ohio, er kehrte Mitte Juli nach Berlin zurück.
2 Jurek Becker, *Schlaflose Tage*, erschien am 1. März 1978.
3 Von Martin Walser erschien am 21. Februar 1978 *Ein fliehendes Pferd*.
4 S. U. brach am gleichen Tag in die Schweiz auf, bis zum 28. Februar 1978 standen neben besagter Erholung Treffen u. a. mit Max Frisch, Ludwig Hohl, Adolf Muschg und Helmuth Plessner an.
5 Im Wintersemester 1978/79 hatte Jurek Becker eine Gastprofessur an der Gesamthochschule Essen inne.
6 S. U. reiste vom 28. April bis 18. Mai 1978 durch die USA. Stationen waren Washington, Austin, Chicago, San Francisco, Berkeley, Palo Alto, Santa Barbara, Los Angeles, San Diego und New York. Für das geplante Treffen mit Jurek Becker existiert kein Beleg.

[47] *An Alice Miller, Zollikerberg*

10. August 1978

Verehrte Frau Dr. Miller,
selten haben wir uns hier im Verlag so spontan entschlossen, ein Manuskript zu akzeptieren und dann das Buch in einer hohen Auflage herauszubringen.[1] Im Fall Ihrer Essays ist das nun geschehen. Herr Herborth hat mit Ihnen telefoniert und Ihnen ja mitgeteilt, daß wir bereit sind, uns mit großem Einsatz für Ihr Buch zu verwenden; ich persönlich bin der Meinung, daß Sie hier neue, aufregende Dinge sagen, und Sie sagen es in einer Form, die kondensierte Erfahrung und wirkliche Verständlichkeit hat. Dazu möchte ich Sie sehr beglückwünschen.

Ich stehe vor einer Reise.[2] Deshalb nur diese kurze Anmerkung. Anbei ist unser Vertragsangebot, falls Sie Änderungswünsche haben, so äußern Sie diese. Ich hoffe aber, daß Sie mit allem einverstanden sein können.

Ich werde am 6. bzw. 7. September in Zürich sein. Kann man Sie dann treffen? Ich würde mich sehr freuen.[3]

Mit freundlichen Grüßen
Ihr
Siegfried Unseld

– nach Diktat verreist –
i. A. Burgel Zeeh
Sekretärin

[1] Alice Miller, *Das Drama des begabten Kindes und die Suche nach dem wahren Selbst*, erschien am 7. März 1979 in einer Startauflage von 10.000 Exemplaren.
[2] S. U. reiste vom 10.-12. August 1978 nach London zur Uraufführung des Stücks *The Woman* von Edward Bond im Olivier Theatre.
[3] Das Treffen kam am 6. September 1978 in Zürich zustande.

[48] *An Josef Winkler, Klagenfurt*

28. August 1978

Lieber Herr Winkler,
haben Sie Dank für Ihren Brief vom 21. August. Sie schreiben, jede Kindheit – auch die meine – sei wie die im Buch beschriebene: eine allmähliche Ermordung. Eines muß ich Ihnen sagen: meine Kindheit war dies nicht, und ich kenne viele Freunde und Bekannte, bei denen dies nicht anders war. Daß das natürlich so sein könnte, steht völlig außer Zweifel, und Literatur und Wissenschaften leben ja davon.

Ich bin aber nicht aus diesem Grunde gegen den Titel, sondern weil ich mir als Prinzip nicht vorstellen kann, daß ein Mord in irgendeiner Weise »humanisiert« werden kann.[1] Und natürlich ist auch die deutsche Terroristenszene für mich ein Punkt, weswegen ich wirklich gegen diesen Titel bin.

Ihre Alternative trägt meinen Bedenken Rechnung. ›Kindheit als Totenmaske‹ – ist nicht schlecht, doch eines muß ich natürlich sagen: wie man es auch ansieht, alle Negativ-Artikel haben erst einen großen Widerstand auf dem Buchmarkt zu überwinden. Ich überlege mir das noch. Vielleicht kann ich Ihnen einen Vorschlag machen.

Mit freundlichen Grüßen
Ihr Siegfried Unseld

---

1 Josef Winklers Roman trug ursprünglich den Titel *Humanisierung eines Mordes*. *Menschenkind*, so der neue Titel, erschien am 28. März 1979.

[49] *An Hans Peter Duerr, Heidelberg*

26. Oktober 1979

Lieber Herr Duerr,

haben Sie Dank für Ihre Karte vom 25. Oktober. Ihr Zeitvorschlag trifft sich gut, ich bin in den Tagen vorher mit Peter Handke und Thomas Bernhard zusammen und hoffe dann, eine besondere Sensibilität oder gar Todeskrankheits-Bereitschaft für unser Gespräch mitzubringen.¹

Ich bin ausgezogen aus meiner Wohnung und domiziliere in einem Not-Quartier, das könnte aber für ein Gespräch ganz lustig sein.² Mein Vorschlag wäre also: Mittwoch, 7. November, um 19 Uhr in der Nordendstraße 65, 9. Stock (das ist in der Nähe des Holzhausenparks, Ecke Eckenheimer Landstraße/Nordendstraße). Wenn ich nichts höre, erwarte ich Sie dann zu einem kleinen Essen und zum Wein und natürlich mit großer Neugier auf das, was Sie zu erzählen haben.

Herzliche Grüße

Ihr Siegfried Unseld

1 Auf einer Reise am 5./6. November 1979 besuchte S. U. Peter Handke in Salzburg und Thomas Bernhard in Ohlsdorf.
2 S. U. bezog diese Wohnung, die Hildegard Unseld 1973 gekauft hatte, für die Zeit des Umbaus seines Hauses in der Klettenbergstraße, das Anfang Oktober 1980 wieder bezogen wurde.

[50] *An Norbert Elias, Bielefeld*

7. November 1979

Lieber Herr Elias,
haben Sie herzlichen Dank für Ihren Brief vom 28. Oktober. Ihr Vorwort zu Renate Rubinsteins Buch ist ausgezeichnet und sagt gerade das, was dazu zu sagen ist. Herzlichen Dank! Ein Honorar werde ich Ihnen überweisen.[1]

Ich bin Ihnen sehr dankbar, wenn Sie noch einmal mit Renate Rubinstein Übersetzungsmängel besprechen. Ich habe nämlich den Eindruck, wenn ich das Manuskript genau anschaue, daß nicht alle Korrekturen, die aus der Begegnung des Übersetzers mit der Autorin stammen, Verbesserungen darstellen.[2] Leider werden wir bis zum 16./17. November noch keine Fahnen vorliegen haben; man muß also doch noch einmal anhand des Manuskriptes korrigieren.

Wie ich Ihnen schrieb, habe auch ich bedauert, daß Günther Busch den Verlag verläßt; ihm ist es ebenfalls nicht leichtgefallen, und ich weiß, daß er schweren Herzens geht und sich im übrigen keineswegs im nachhinein kritisch oder gar feindlich verhalten will.[3] Er will seine Sache weitermachen und glaubt, daß er das besser bei der EVA kann. Daß ich gegenwärtig wieder mit Schmutz beworfen werde, scheint nun einmal meine Rolle zu sein. Es ist ja doch merkwürdig in unserer Zeitungslandschaft, daß *ein* Mann den Suhrkamp Verlag aus freien Stücken verläßt, und es rauscht im Blätterwald; zur gleichen Zeit kündigt die AEG an, daß 13.000 Arbeiter entlassen werden müssen, und niemand regt sich darüber auf.

Ich bin Ihnen sehr dankbar, für Ihren Hinweis auf jüngere Wissenschaftler. Mit Krohn und Spengler sind wir in

Verbindung, Herrn Hans Jürgen Fuchs kennen wir nicht, aber ich habe Herrn Herborth gebeten, mit ihm Verbindung aufzunehmen.[4]
Wann kommt das Gedichte-Manuskript?[5]
Ich nehme an, Sie werden Herrn Herborth, wenn er Sie in den nächsten Tagen besucht, Termine geben für die Manuskripte ›Engagement und Distanz‹ und ›Die satisfaktionsfähige Gesellschaft‹. Sie sind dann mit zwei Titeln in diesem ersten Programm der edition suhrkamp. Neue Folge vertreten und dazu noch mit einem Vorwort; dies wird doch für sehr viele ein Zeichen sein, das mir jedenfalls hochwillkommen ist.[6]
Herzliche Grüße
Ihr Siegfried Unseld

1 Norbert Elias schrieb ein Vorwort zu Renate Rubinstein, *Nichts zu verlieren und dennoch Angst*, erschienen am 26. Juni 1980 als Band 1022 der edition suhrkamp. Er erhielt ein Honorar von DM 1000,-.
2 Johannes Piron übersetzte das Buch aus dem Niederländischen.
3 Günther Busch war seit der Gründung der edition suhrkamp 1963 deren Redakteur, er wechselte im April 1980 zur Europäischen Verlagsanstalt, Frankfurt am Main.
4 Norbert Elias schlug die Genannten als Autoren für die edition suhrkamp vor. Von Hans Jürgen Fuchs liegt keine Publikation vor, Tilman Spengler und Wolfgang Krohn hatten innerhalb der edition suhrkamp bereits Band 1 der *Starnberger Studien*, *Die gesellschaftliche Orientierung des wissenschaftlichen Fortschritts* herausgegeben (edition suhrkamp Band 877, erschienen am 6. April 1978), Krohn ist Autor und Herausgeber im suhrkamp taschenbuch wissenschaft.
5 Gedichte von Norbert Elias erschienen erst am 31. März 1987 unter dem Titel *Los der Menschen*.

6 Nach 1000 Bänden wurde die edition suhrkamp durch die edition suhrkamp. Neue Folge abgelöst. Entgegen der Planung für das erste Programm erschienen die zwei angesprochenen Titel von Norbert Elias später und außerhalb der edition suhrkamp. Neue Folge: *Engagement und Distanzierung* am 18. Oktober 1983, *Mozart. Zur Soziologie eines Genies* am 23. April 1991 als Band 1071 der Bibliothek Suhrkamp, jeweils herausgegeben von Michael Schröter.

[51] *An Zbigniew Herbert, West-Berlin*

6. Februar 1980

Lieber Zbigniew,
hab Dank für Deinen lieben handschriftlichen Brief vom 30. Januar. Ich werde diesen Brief kostbar einfassen lassen, denn eines Tages wird er so wertvoll sein, daß die Honorare, die wir da gegenwärtig diskutieren, für Dich nicht so hoch erscheinen werden. Wenn Du das Gastland Deutschland verläßt, so brauchst Du Dir also wegen möglicherweise durch Verkauf nicht eingelöster Honorarzahlungen keine Gedanken zu machen. Im übrigen haben wir uns ja doch immer vertraut, und dies über das Geld hinaus. Aber andererseits: gerade mit Autoren, mit denen man befreundet ist, sollte man in Gelddingen penibel sein.

Verfahre wie Du möchtest. Mein Angebot, Dir für die ›Braut von Attila‹ DM 10.000,- zu bezahlen, bleibt.[1] Mir ist das wichtig und ich weiß, Du kannst das Geld brauchen.

Also mach Dir keine Sorgen, das Wichtigste ist, daß Du Dich gesund fühlst, mit oder besser ohne Alkohol, mit oder besser ohne jene Drogen, die uns doch nur über den

Augenblick und nicht über die Zeit hinweghelfen. Für Liebe aber solltest Du immer etwas tun.
Herzliche Grüße
Dein Siegfried

P. S.
In Sachen Dedecius und H. B. verstehen wir uns.²

1 So der Titel einer »Apokryphe«, die mit weiteren einen Band der Bibliothek Suhrkamp ergeben sollte. Der Plan wurde nicht realisiert.
2 Zbigniew Herbert distanzierte sich in seinem Brief von Karl Dedecius; den in der DDR lebenden Übersetzer Henryk Bereska suchte Herbert durch Anonymisierung zu schützen.

[52] *An E. Y. Meyer, Wabern (Bern)*

27. August 1980

Lieber E. Y.,
schönen Dank für Deinen Brief vom 22. August und für die Retournierung des Vertrages. Ich habe während meines Schweizer Aufenthalts zweimal versucht, Dich anzurufen,¹ denn von Bern nach Genf fahrend habe ich in der Tat den hochinteressanten Aufsatz von Wysling gelesen – eine hervorragende Interpretation Deines Buches, und der von Wysling angeführten fünffachen Deutung des Romans kann ich nur voll und ganz zustimmen. Und natürlich habe ich mich über die Anmerkung Nr. 31 sehr gefreut.² Nicht nur, weil man doch immer wieder Neues zu meinem Thema Hesse erfahren kann; die Geschichte selber ist ja hochinteressant, und glücklicherweise hatte

ich, als ich noch einmal, diesmal im See, schwamm, eine Begleitung, die mir das Bernerische übersetzen konnte. Der Beitrag schien mir wieder ein Anstoß zu sein, bald diesen Band über Dich zu realisieren. Und nun schickst Du mir nach Frankfurt den Essay von Malcolm Pender,[3] den ich noch nicht las, aber der mir auch interessant zu sein scheint. Die Überschrift ist natürlich auch wegen ihrer Doppeldeutigkeit interessant, vielleicht können wir sie bei der Werbung verwenden; an das Buch selber möchte ich es nicht binden.

›New German Studies‹, eine germanistische Zeitschrift, im englischsprachigen Bereich sehr angesehen.

Herr Honnefelder ist gegenwärtig auf dem Germanistenkongreß in Basel. Er hat die Programme mitgenommen. Wenn es Dir wichtig genug ist, schicke ich sie Dir nach seiner Rückkehr.

Ich habe den Tag in Bern sehr genossen – die reißende Aare, die das silberne Geräusch der Kiesel noch verstärkte, unsere Gespräche, auch das Kennenlernen von Florica. Bitte gib ihr meine Grüße und Dir wünsche ich alles Gute für das Gelingen Deiner Pläne.

Herzlich
Dein Siegfried

Fleckhaus hat versprochen, den Umschlag am 3. September nach Frankfurt zu bringen.

Anlage
Vertrag

1 S. U. reiste vom 15. bis 17. August 1980 nach Bern, Genf und Zürich, Meyer schickte den Verlagsvertrag für *Die Hälfte der Erfahrung*, der Band erschien am 8. Oktober 1980.

2 Hans Wysling, *E. Y. Meyers Roman ›Die Rückfahrt‹. Eine Kant-Krise und ihre Überwindung*, in: *Akten des VI. Internationalen Germanisten-Kongresses Basel 1980*, Teil 4, Bern 1980, S. 219-228. In Anmerkung 31 wird länger über die Verwandtschaftsverhältnisse zwischen der Künstlerin Meret Oppenheim und der ersten Frau von Hermann Hesse, Ruth Wenger, beide aus Bern stammend, berichtet.

3 Dem Brief lag in Kopie bei: Malcolm Pender, *The Tenor of German-Swiss Writing in the Nineteen-Seventies: E. Y. Meyer*, in: *New German Studies*, Vol. 8, Nr. 1, Spring 1980. Meyer bat S. U. um Auskunft über die Zeitschrift.

[53] *An Ludwig Hohl, Genf*

12. September 1980

Lieber Herr Hohl,
ich schicke Ihnen heute eine Satzprobe für einen Neusatz der ›Notizen‹. Diese Typographie ergäbe einen Umfang von 800 Seiten. Diese ließen sich mit einem dünnen Papier gut in einem Band unterbringen. Ich nehme an, daß es Ihnen recht ist, wenn wir Ihnen jetzt diesen Wunsch erfüllen.

Es ist merkwürdig – oder genauer gesagt: es spricht für die Kraft Ihres Werkes, daß man immer wieder auf jeder Seite dieser Notizen Merk-Sätze findet; jetzt auf dieser typographischen Probe: »Man darf nicht dichten beim Dichten, das ist das Geheimnis.«[1] Wie recht haben Sie damit.

Ich denke sehr an Sie und bin mit herzlichen Grüßen,[2]
Ihr Siegfried Unseld

Anlage

1 Ludwig Hohl, *Die Notizen oder Von der unvoreiligen Versöhnung*, erschien am 8. Oktober 1981. Das Zitat (*Die Notizen*, IX/28) findet sich auf S. 567.
2 Dies ist der letzte Brief von S. U. an Ludwig Hohl, der am 3. November 1980 in Genf starb.

[54] *An Mario Vargas Llosa, Lima*

11. Mai 1981

Lieber Mario,
wir haben uns ausführlich mit Ihrem Roman ›La guerra del fin del mundo‹ beschäftigt; ich möchte Sie zu diesem großen epischen Gemälde herzlich beglückwünschen, es ist ein bedeutendes Werk, in der erzählerischen Manier gelungen, und das Wichtigste: man liest den Roman mit großer Spannung, ein echter Abenteuerroman. Die Schauplätze wechseln, Bahia, die Provinzhauptstadt spielt ebenfalls keine geringe Rolle, das politische Ränkespiel in dem Riesenland Brasilien wird dem Leser anschaulich vor Augen geführt, die Einzelgestalten werden in Balzacscher Manier gründlich charakterisiert, sie bleiben dem Leser plastisch in Erinnerung – ein wirkliches Lesevergnügen, und was die dahinter stehende Vorstellung betrifft, daß es immer mehr auf den Menschen als auf eine Ideologie ankommt, so unterstreiche ich diese voll und ganz. Wir, lieber Mario, wollen das Buch herausbringen und es zur Buchmesse 1982 als ein großes Suhrkamp-Buch präsentieren.[1]

Ich habe den hier beiliegenden Brief an Carmen Balcells geschrieben. Sie sehen, wir machen uns wirklich große Mühe, um auch ihren Forderungen gerecht zu werden.[2]

Aber darüber hinaus wollen wir nicht mit uns handeln lassen. Es ist ein Äußerstes, was wir angeboten haben, und ich hoffe, daß Sie das einsehen. Das Wichtigste ist ja ohnehin, daß wir Ihnen mit Frau A. B.[3] eine exzellente Übersetzerin vorschlagen können (die bei uns in festem Vertrag ist und die das Buch für einen anderen Verlag nicht übersetzen könnte, weil sie sonst andere Bücher für uns übersetzen würde) und das Zweite: daß wir das Buch wirklich als ein großes Suhrkamp-Buch herausstellen. Das will ich Ihnen versprechen.

Bitte, wirken Sie auf Carmen ein, daß wir rasch zu einem Abschluß kommen.

Herzliche Grüße
Ihr Siegfried Unseld

1 Mario Vargas Llosa, *Der Krieg am Ende der Welt*, erschien am 29. September 1982.
2 In seinem auf den 12. Mai 1981 datierten Schreiben an die Literaturagentur Carmen Balcells, Barcelona, formulierte S. U. ein detailliertes Angebot für den Erwerb der Lizenz.
3 Anneliese Botond übersetzte den Roman.

[55] *An Katharina Mommsen, Stanford, CA*

15. Juli 1981

Liebe Katharina,
Sie haben eine bewundernswerte Arbeit geleistet. Sie boten Substanzen und Einfälle. Mehr kann man ja kaum verlangen. Wir denken daran – gerade weil uns Ihre Konzeption so überzeugt –, das Ganze nun auch als insel taschenbuch zu bringen.

Doch nun zu unserem Projekt ›Goethe für Ausländer‹.[1] Unsere Basis war der Wunsch nach einem Band mit 150 Seiten. Das Manuskript, das Sie uns geliefert haben, hat einen Umfang von 350 Seiten. Das ist für ein insel taschenbuch möglich, aber eben nicht für den Zweck übersetzter Ausgaben. Hier sind wir auf den schmaleren Band von 150 Seiten angewiesen – dies von den Kosten und den Schwierigkeiten der Übersetzung her wie auch vom Preis des Ganzen. Niemand ist eine Kürzung von 350 Seiten auf 150 Seiten zuzumuten – Ihnen nicht, einem anderen Fachmann nicht, einem Lektor nicht, so blieb das Ganze an mir hängen, und ich habe diese unzumutbare Arbeit geleistet, wissend, daß dies für mich wie für Sie eine undankbare Sache ist. So kürzte ich also: ›Egmont‹ schien mir überhaupt zu sehr zerstückelt; die Retrospektive des späten Goethe zu Lili wurde gestrichen, und ebenfalls die Details der ›Schweizer Reise‹; Verzicht auf die ›Iphigenie‹ und den ›Tasso‹; die ›Lehrjahre‹ schienen mir ohnehin zu umfangreich; ›Faust I‹ wurde gekürzt, ›Faust II‹ blieb; es fiel heraus ›Der Mann von fünfzig Jahren‹; im ›West-Östlichen Divan‹ mußte gekürzt werden (ergänzt um mein Lieblingsgedicht vom Atemholen!);[2] Gedichte der Spätzeit wurden gekürzt; die Beziehung Schiller/Goethe war durch nur einen Brief Schillers dokumentiert, ich nahm die Antwort Goethes dazu, verzichtete dann aber auf die Gedichte ›Aus der Zeit der Freundschaft mit Schiller‹.

Wie gesagt, daraus ist sicherlich nun etwas anderes geworden, als Sie sich das gedacht haben. Aber ich hoffe, doch etwas Brauchbares, ein Goethe in der Nußschale. Ich schicke Ihnen das Manuskript zu. Es umfaßt nach unserer Berechnung exakt 150 Seiten. Sollten Sie etwas ändern wollen, wäre ich Ihnen dankbar, wenn Sie Texte ungefähr gleicher Länge austauschten.

Dann erhebt sich die Frage der Übersetzung. Irgendwann einmal haben Sie mir einen Mann genannt, der dazu bereit wäre. Ich konnte damals nicht darauf eingehen, weil mir ja schon ein größerer Umfang schwante. Doch jetzt könnte er ans Werk gehen. Wie denken Sie darüber?

Noch einmal Ihnen und Ihrem Mann herzlichen Dank für die Arbeit.[3]

Sehr herzlich

Ihr Siegfried Unseld

P. S.

Über die Honorarangelegenheit denke ich nach; bitte, lassen Sie uns hier in Frankfurt darüber sprechen.[4]

---

1 D. i. *Who is Goethe?*, hg. von Katharina Mommsen, Übersetzung von Leslie A. Willson und Jeanne Willson, Boston, Suhrkamp-Insel Boston 1983. Der Verlagsableger in den USA wurde 1981 gegründet. Die deutschsprachige, umfangreichere Ausgabe erschien am 20. März 1984 unter dem Titel *Goethe – warum?* als insel taschenbuch Band 759.

2 Vgl. Johann Wolfgang Goethe, *Talismane*, in: ders., *West-Östlicher Divan* [*Sämtliche Werke*, Bd. 3/1], Frankfurt am Main, Deutscher Klassiker Verlag 1994, S. 307.

3 Momme Mommsen wirkte an der Zusammenstellung mit.

4 Katharina Mommsen war zur Verleihung des Friedenspreises des Deutschen Buchhandels an Lew Kopelew am 18. Oktober 1981 in Frankfurt, am 24. Oktober nahm sie an einem Abendessen in der Klettenbergstraße teil.

[56] *An Hans Mayer, Tübingen*

29. Dezember 1981

Lieber Hans,
gerne habe ich Deinen Tübinger Vortrag gelesen.¹ Wie schön Du das gemacht und wie bewegend Du Deine früheren Leidensgenossen angesprochen hast, das ist schon zu bewundern. Und den üblichen Spruch wolltest Du ihnen auch nicht vorsingen: Der Schiller und der Hegel, der Unseld und der Hauff – das ist bei uns die Regel, fällt gar nicht weiter auf.
Ein gutes neues Jahr, das wir ja schon in seinem ersten Drittel mit einem wichtigen Datum feiern werden.²
Herzliche Grüße
Dein Siegfried

1 Die Stadt Tübingen empfing am 4. September 1981 siebenundzwanzig »ehemalige jüdische Mitbürger«, die aus ihren Emigrationsländern anreisten. Hans Mayer trat als Hauptredner auf. Er schickte S. U. einen Sonderdruck der Ansprache mit der handschriftlichen Widmung: »Meinem Freund Siegfried Unseld / Hans Mayer / Tübingen, am 2. Dezember 1981«.
2 Hans Mayer feierte am 19. März 1982 seinen 75. Geburtstag.

[57] *An Peter von Becker, Frankfurt am Main*

8. Januar 1982

Lieber Herr von Becker,
Sie wiesen mich auf das Manuskript von Ulla Berkevicz hin. Ich habe das Manuskript gelesen und war spontan von ihm eingenommen. Nicht anders ging es Elisabeth Borchers. Wir haben uns also entschlossen, das Buch an-

zunehmen und Ulla Berkevicz hat sich entschieden, uns das Manuskript anzuvertrauen. Ich möchte Ihnen sehr für diesen Hinweis danken. Ich habe das sichere Gefühl, daß der Suhrkamp Verlag nicht nur eine talentierte, sondern eine einmal bedeutende Autorin mit einem Erstling vorlegt.[1]
Mit besten Grüßen
Ihr Siegfried Unseld

1 Peter von Becker gelangte über Karlheinz Braun vom Verlag der Autoren an das Manuskript und sandte es an den Suhrkamp Verlag. Ulla Berkéwicz, *Josef stirbt*, erschien am 30. August 1982.

[58] *An Alexander Kluge, Frankfurt am Main*
11. Februar 1982
Lieber Herr Kluge,
in den einschlägigen Verzeichnissen lieferbarer Bücher kommt Ihre ›Schlachtbeschreibung‹ nicht mehr vor, selbst nicht bei Taschenbüchern. Kann das wirklich sein? Und wenn dem so ist, liegen die Rechte noch bei Walter in Olten oder haben Sie sie klugerweise zurückgenommen? Ihr Buch ist und bleibt eines der wichtigsten Bücher über den Zweiten Weltkrieg und ist, wie ich meine, bis heute noch nicht adäquat aufgenommen. Ich könnte mir auch vorstellen, daß eine Neuauflage im Zeichen der sich vertiefenden Diskussion über Krieg und Frieden, Rüstung und Abrüstung von einer ganz neuen, bedeutenden Aktualität sein könnte. Also, lassen Sie mir eine Zeile zugehen?[1]
Herzliche Grüße
Ihr Siegfried Unseld

1 Alexander Kluge, *Schlachtbeschreibung*, erschien am 20. September 1983 als Band 1193 der edition suhrkamp. Die Erstausgabe wurde 1964 im Oltener Verlag Walter vorgelegt, zwischen 1968 und 1978 folgten vier Lizenzausgaben.

[59] *An Jörg Steiner, Biel*

10. Mai 1982

Lieber Jörg,
von Peter Bichsel höre ich, daß Du am 11. Juni in Bergen lesen wirst. Ich bedaure sehr, daß ich an diesem Tage nicht in Frankfurt sein werde, ich ›kure‹ und faste ab 7. Juni.[1]
Ich hätte Dich wirklich sehr gerne gesprochen, um Dir zu sagen, daß ich mit Deinem Buch sehr guten Mutes bin. Es gab da einige querulantische Stimmen, aber insgesamt ist doch die Reaktion gut.[2] Du wirst sehen, daß wir in den nächsten Wochen mit Anzeigen werben werden, und zwar in deutschen Zeitungen wie in der Schweiz. Ich werde Dir das jeweils übermitteln, damit Du siehst, daß dies nicht nur Worte sind. Und dahinter sollst Du unsere Bereitschaft sehen, uns um Deine, um unsere, um unsere gemeinsame Sache zu bemühen.
Ich hoffe, Du hast einen guten Aufenthalt. Peter Bichsel wird Dir heimatliche Atmosphäre geben und ich bin auch sicher,[3] wenn Du mit ihm über Frankfurt sprichst oder er mit Dir, wird mein Name in schöner Sympathie auftauchen. Falls Du in der Klettenbergstraße übernachten möchtest, steht Dir dieses Quartier auch in meiner Abwesenheit gerne zur Verfügung.
Herzliche Grüße
Dein Siegfried

1 Die Fastenkur in der Klinik Buchinger, Überlingen, dauerte vom 7.-25. Juni 1982.
2 Jörg Steiner, *Das Netz zerreißen*, erschien am 4. März 1982.
3 Peter Bichsel domizilierte 1981/82 als Stadtschreiber in Bergen-Enkheim.

[60] *An Jorge Semprun, Paris*

15. September 1982

Verehrter Herr Semprun,
hier meldet sich Ihr deutscher Verleger, jedenfalls der der Bücher ›Der zweite Tod des Ramón Mercader‹, ›Die große Reise‹, ›Was für ein schöner Sonntag‹.[1] Ich habe Sie vorgestern im Fernsehen im Gespräch mit Traugott König gesehen und habe jetzt erst erfahren, wie gut Sie Deutsch sprechen und die deutsche Sprache beherrschen und Hegel und Marx fließend im Urton zitieren können.[2] Aus dem Film habe ich erfahren, durch welche Versetzung Sie im Konzentrationslager gerettet wurden, und jetzt, da ich Sie sprechen hörte, vermute ich, daß daran Ihre deutsche Sprache auch ihren Anteil hatte.[3]
Ich hoffe sehr, daß wir uns einmal in Paris oder anderswo persönlich begegnen. Ich hatte bislang eine gewisse Scheu davor, da ich Spanisch nicht spreche und mein Französisch hilft mir beim Lesen, aber reicht nicht für eine vernünftige Unterhaltung aus.
Uns liegt nun Ihr Roman ›L'Algarabie‹ vor. Zwei Lektoren, die das Buch gelesen haben, sind begeistert und auch ich konnte mich nach einigen Stichproben von der Qualität wie auch von der besonderen Eigenart dieser eher erotischen als politischen Autobiographie überzeugen.

Traugott König sagte mir, Sie hätten den Wunsch, mit ihm gemeinsam die deutsche Ausgabe zu machen oder doch für die deutsche Ausgabe wesentliche Änderungen vorzunehmen. Haben Sie sich die Rechte für eine deutsche Ausgabe vorbehalten oder sollen wir einen Vertrag mit Fayard abschließen? Und Sie verständigen den Verlag, daß die deutsche Ausgabe gegenüber dem französischen Original verändert wird.[4]

Ich weiß nicht, wie weit Sie über unsere Verlagsarbeit und die Autoren des Verlages und des mit uns kooperierenden Insel Verlages informiert sind; ich lege Ihnen zwei Zettel bei, auf denen die Autoren aufgeführt sind.

Mit besten Grüßen
Ihr sehr ergebener Siegfried Unseld

1 Jorge Semprun, *Der zweite Tod des Ramón Mercader*, erschien am 18. März 1974, *Was für ein schöner Sonntag!* am 12. November 1981, Erstverkaufstag von *Die große Reise*, suhrkamp taschenbuch Band 744, war der 26. November 1981.
2 Die dritten Fernsehprogramme Nord und Hessen 3 strahlten am 13. September 1983 das Porträt *Jorge Semprun* aus, das den Autor im Gespräch mit Traugott König und Wilfried F. Schoeller zeigt.
3 Zu den Faktoren für Jorge Sempruns Überleben im Konzentrationslager Buchenwald zählt seine Tätigkeit in der »Arbeitsstatistik« der Lagerverwaltung.
4 Jorge Semprun, *Algarabia oder Die neuen Geheimnisse von Paris*, erschien am 19. September 1985. Im Impressum der Ausgabe wird auf leichte Kürzungen hingewiesen.

[61] *An Jürgen Habermas, Starnberg*

25. April 1983

Lieber Jürgen,
ich weiß ja nicht, ob wir uns an diesem Dienstag sehen werden. Ich habe Vertretersitzung und es wird ein wenig turbulent zugehen und am Mittwoch verreise ich für eine Woche in die Vereinigten Staaten.[1]

Das Autorenessen in Paris war äußerst angenehm, manchmal können auch Autoren mit- und untereinander freundlich umgehen![2] Angenehm und nützlich war die Begegnung mit Pierre Bourdieu. Er hat es sehr bedauert, daß er mit Dir nicht zusammentreffen konnte. Den größeren Teil Deiner Pariser Zeit war er in den U.S.A. Er hat mir einen Plan vorgetragen, den ich hier schriftlich nicht niederlegen kann. Er möchte unterhalb der deutsch-französischen Beziehungsgruppen, die im Grunde die deutsch-französischen Beziehungen vernichten, eine Art Trojanisches Pferd schaffen. Er hätte sich sehr gerne mit Dir über diese Frage unterhalten und er läßt Dir sagen, daß er, Pierre Bourdieu, jederzeit und zu jedem Ort nach Deutschland kommen würde, um mit Dir zu sprechen. Vielleicht solltest Du das doch bald akzeptieren und wahrscheinlich denkst Du auch daran, ihn für Deine Gastvorlesung einzuladen (von der ich selbstverständlich nicht gesprochen habe).[3]

Herzliche Grüße
Dein Siegfried

1 Vom 27. April bis zum 4. Mai 1983 reiste S. U. über Zürich nach Boston und New York.
2 Am 20. April 1983 war S. U. zur Präsentation der französischen Ausgabe von *Der Autor und sein Verleger* im Pariser Verlagshaus Gallimard; am Abend gab er in der Closerie des Lilas ein Essen. Die

Gäste: Pierre Bertaux, Jean Bollack, Pierre Bourdieu, E. M. Cioran, Julio Cortázar, Georges-Arthur Goldschmidt, Danièlle Laroche-Bouvy, Gisèle Lestrange, Paul Nizon, Erika und Elmar Tophoven. Samuel Beckett, Jacques Derrida, Michel Foucault, Claude Lévi-Strauss und Jorge Semprun waren verhindert.
3 Pierre Bourdieu eröffnete am 6. Februar 1984 die »Suhkamp Vorlesungen für Sozial- und Geisteswissenschaften« an der Johann Wolfgang Goethe-Universität. Sein Thema: *Sozialer Raum und »Klassen«*, so auch der Titel des von Bourdieu um eine weitere Vorlesung ergänzten Bandes 500 im suhrkamp taschenbuch wissenschaft, der am 18. April 1985 erschien.

[62] *An Ilma Rakusa, Esslingen bei Zürich*

1. Februar 1984

Verehrte, liebe Frau Rakusa,
es war angenehm, daß wir neulich doch einmal länger miteinander reden konnten. Ich komme noch einmal zurück auf meinen Vorschlag: schieben Sie alle Aufgaben auf und widmen Sie sich der ›Weiblichen Ästhetik‹. Ich könnte mir vorstellen, daß das ein wichtiger Band für die edition suhrkamp sein könnte. Er braucht ja wirklich nicht so umfangreich sein; 80 Seiten würden durchaus genügen. Sie sehen, ich habe unser Gespräch nicht nur nicht vergessen, sondern wiederhole dringlich meinen Wunsch.[1]
Herzliche Grüße
Ihr Siegfried Unseld

1 S. U. traf Ilma Rakusa bei einem Aufenthalt in Zürich vom 27.-30. Januar 1984. Rakusa hatte kurz zuvor einen Universitätsvortrag zum Thema *Weibliche Ästhetik* gehalten. Der für die edition suhrkamp vorgesehene Band kam nicht zustande.

[63] *An Reto Hänny, Zürich*

25. September 1984

Lieber Herr Hänny,
Herr Honnefelder informierte mich vor kurzem, ich hätte bei unserer letzten Begegnung den Eindruck hinterlassen, mir läge nichts an einem neuen Manuskript von Ihnen. Ich kann mir überhaupt nicht erklären, wie ein solcher Eindruck aufkommen konnte, denn ich habe gerade bei einem Rundfunkinterview in Bern auf Sie als einen wichtigen, jüngeren Schriftsteller hingewiesen, dessen ›Zürich, Anfang September‹ mir in gewisser Weise als Beispiel jüngerer Schweizer Literatur erscheint und von dem ich noch durchschlagende Werke erwarte.[1] Wie kam also bloß ein solcher Eindruck zustande? Haben Sie da etwas über mich gestülpt, was aus Ihrem Inneren kam?
Wie denken Sie sich den zeitlichen Ablauf für die Niederschrift eines neuen Manuskripts und welches Minimum an finanziellem Zuschuß brauchten Sie da?[2]
Schöne Grüße
Ihr Siegfried Unseld

1 S. U. fuhr für den 15./16. August 1984 anläßlich der Verleihung des Literaturpreises der Stadt an Paul Nizon nach Bern; das Interview wurde am Morgen des 16. August geführt. Reto Hänny, *Zürich, Anfang September*, war am 28. Januar 1981 als Band 1079 in der edition suhrkamp erschienen.
2 Die nächste Erstausgabe von Reto Hänny, *Flug*, erschien am 22. Mai 1985 im Hauptprogramm des Verlags.

[64] *An Ulla Berkéwicz, Frankfurt am Main*

30. September 1986[1]

Liebe Ulla

Peter Suhrkamp zeichnete Verträge oft mit den Worten: »auf Gedeih und Verderb«, ich halt's mehr mit dem Gedeihen.[2]

Und mit Koeppen!

In schöner Hoffnung

Dein Siegfried

1 Handschriftlicher Brief.
2 Am selben Tag unterzeichnete S. U. den Verlagsvertrag für Ulla Berkéwicz' Erzählung *Adam*, die am 3. März 1987 erschien.

[65] *An Gertrud Leutenegger, Cabbio, Tessin*

7. Januar 1987

Liebe Gertrud,

ich habe Deinen Brief vom 6. Dezember erst heute, am 26. Dezember 1986, erhalten und diktiere meine Antwort auf ein Band, das freilich erst im neuen Jahr geschrieben werden wird. Als Dein Brief eintraf, war ich in der Karibik; nach dem zweiten Hörsturz haben Ärzte mir das Fasten für dies eine Mal verboten und mich in ein mildes Klima geschickt.[1] Das ist, glaube ich, ganz gut gelungen. Nun werden wir sehen, wie sich das Ohr weiter verhält. Ich habe Deinen Brief mit Bewegung gelesen. Beuge den Stolz Deines Herzens nicht und verrate auch nicht Deine tiefste Leidenschaft. Beides kannst Du gar nicht. Du wirst Dich einrichten können, und solltest Du je wieder an

einen »Point of no return« kommen, dann schicke mir eine Zeile und die Million Rosen aus Odessa wird Dich von Frankfurt aus erreichen.²
Herzliche Wünsche
Dein Siegfried

1 S. U. verbrachte die für die Fastenkur in Überlingen am Bodensee vorgesehenen Tage vom 10.-20. Dezember 1986 auf St. Thomas, Virgin Islands. Vom 21.-28. August 1986 mußte er sich nach einem Hörsturz einer Behandlung in der Frankfurter HNO-Klinik unterziehen.
2 Gertrud Leutenegger, *Eine Million Rosen aus Odessa*, wurde am 25. Oktober 1986 in der *Frankfurter Allgemeinen Zeitung* gedruckt und in die aktualisierte Fassung des Almanachs *Im Jahrhundert der Frau* aufgenommen (hg. von Elisabeth Borchers und Hans-Ulrich Müller-Schwefe, erschienen am 8. Mai 1987).

[66] *An Durs Grünbein, Dresden*

2. August 1988

Lieber Herr Grünbein,
Ihr Gedichtbuch ›Grauzone morgens‹ wird im Oktober pünktlich zur Buchmesse erscheinen. Ich freue mich sehr darüber, daß sich unsere Gespräche in dieser Weise realisiert haben. Ich höre auch, daß die Gedichte nun in ›Sinn und Form‹ erscheinen.¹
Ich möchte Sie herzlich zur Buchmesse 1988 nach Frankfurt einladen. Wir möchten Gelegenheit haben, Sie mit Ihrem Gedichtbuch vorzustellen, und ich möchte Sie auch bitten, im Rahmen des Kritikerempfangs, bei dem etwa 150 Kritiker anwesend sein werden, aus Ihrem

Gedichtbuch zu lesen.² Ich wäre Ihnen dankbar, wenn Sie Ihre Behörden bitten könnten, Ihnen diese Reise zu ermöglichen. Die Kosten übernimmt selbstverständlich der Verlag.
Mit freundlichen Grüßen
Siegfried Unseld

P. S.
Die Buchmesse findet vom 4.-10. Oktober statt.
Kritikerempfang: Mittwoch, 5. Oktober, 17 h.

1 In *Sinn und Form* wurden sechs Gedichte von Durs Grünbein gedruckt (Jg. 1988, Heft 4, Juli/August, S. 818-824).
2 Durs Grünbein las am 5. Oktober 1988 in der Klettenbergstraße aus *Grauzone morgens*, die Gedichte erschienen am 1. Oktober 1988 als Band 1507 der edition suhrkamp. Die Einführungsrede von S. U. ist teilabgedruckt in der *Kleinen Geschichte der edition suhrkamp*, Frankfurt am Main, Suhrkamp Verlag 2003, S. 85ff.

[67] *An Rainald Goetz, München*

26. August 1988

Lieber Herr Goetz,
Joachim ist im Urlaub, und ich möchte ihn mit Ihrem Brief vom 22. August nicht belasten.
Daß Sie bestimmte Papierwünsche (maschinenglattes Papier) hatten, war uns im Hause nicht bekannt. Sie sind ja ein Kenner der Suhrkamp-Produktion und haben sicherlich bemerkt, daß wir seit über einem Jahr unsere Papierqualität leicht modifiziert haben, und zwar haben wir umgestellt von maschinenglatt auf leicht geglättet,

einfach deswegen, weil diese Qualität für den Offsetdruck, der ja heute fast ausschließlich verwandt wird, besser geeignet ist. Die maschinenglatten Papiere mit ihrer unregelmäßigen Oberfläche sind lediglich für Druckträger des Buchdrucksystems entwickelt worden. Beim Offsetverfahren, in dem der Druckträger in einer Ebene mit der Druckform liegt, benötigt man glatte Papieroberflächen. Dies ganz besonders, wenn es sich bei der Reproduktion um Bild und Text handelt. Ganz generell muß ich Ihnen sagen, daß ich diese Änderung der Papierqualität für eine wesentliche Verbesserung, genauer gesagt Leseerleichterung unserer Bücher halte.

Diese Wahl des Papiers ist natürlich von uns getroffen worden, die Druckerei Röck hat nicht den geringsten Einfluß auf das Papier, das wir auswählen, einkaufen und der Druckerei zur Verfügung stellen. Nun zum Druckausfall: Ich gebe Ihnen Recht, es gibt hier Farbschwankungen, aber, lieber Herr Goetz, liegen sie nicht doch innerhalb der Toleranzwerte, die man heute den Druckern zugestehen muß? Und es kommt im Fall Ihres Buches ›Kontrolliert‹ noch etwas anderes hinzu: Die dunklen eingestreuten Bildmotive sind mutmaßlich die Gründe für den ungleichmäßigen Druck.[1] Will man diesen Unterschied ganz ausschließen, so müßte man Text und Bilder in getrennten Formen drucken. Sie können sich leicht ausrechnen, was das für die Kalkulation des Buches bedeutet. Wir werden aber bei einer möglichen Nachauflage die Druckerei auf diesen Umstand noch einmal besonders hinweisen.

Alles in allem, lieber Herr Goetz, wenn ich ›Kontrolliert‹ mit Ihrem vorangegangenen Buch vergleiche,[2] so finde ich, daß die Qualität von Papier und Druck angemessen

ist. Ich persönlich würde in jedem Fall auch das leicht geglättete Papier vorziehen, einfach weil es für den Leser, dem Sie ja ohnehin durch den dichten Text Einiges zumuten, leichter zu handhaben ist. In »richtung Hirn« kann ich Ihre Erregung schon verstehen, »in richtung Welt« wird außer Ihnen diese Unterschiede niemand registrieren.[3]
Schöne Grüße
Ihr Siegfried Unseld

1 Rainald Goetz, *Kontrolliert*, kam am 30. August 1988 in den Buchhandel.
2 Der Vergleich bezieht sich auf *Irre*, erschienen am 1. September 1983. Zwischen den beiden Publikationen erschienen 1986 *Hirn/Krieg* als Band 1320 der edition suhrkamp und *Irre* als suhrkamp taschenbuch 1224.
3 Die Parameter »Hirn« und »Welt« stammen aus *Kontrolliert*.

[68] *An Angela Krauß, Leipzig*

10. Oktober 1988[1]

Liebe Angela Krauß
Frankfurt ist leerer geworden, klar, die Buchmessenleute sind abgereist, aber auch weniger warm, weniger schön. Warum wohl?
So an Sie denkend hoffe ich, bald von Ihnen eine Erinnerungszeile zu erhalten. Oder war alles nur ein Traum?[2]
Herzlich
Ihr Siegfried Unseld

1 Handschriftlicher Brief.

2 Angela Krauß erhielt 1988 den Ingeborg-Bachmann-Preis. Ihr Debüt im Suhrkamp Verlag, *Das Vergnügen*, erschien am 28. September 1988 als Sondertitel des Programms in einer Lizenzausgabe des Aufbau-Verlags. Sie kam auf Einladung des Verlags vom 4.-7. Oktober 1988 zur Buchmesse nach Frankfurt am Main.

[69] *An Hans Jonas, New Rochelle, N.Y.*

22. Dezember 1988

Lieber Herr Jonas,

vor kurzem fiel mir ein in schwarzes Leder gebundenes und mit Goldaufdruck verschöntes Buch in die Hände, ›Die Psalmen‹, und sie erschienen »1915 im Insel-Verlag zu Leipzig«. Das Buch enthält ohne irgendein erklärendes Vor- oder Nachwort die Übertragung Martin Luthers in der letzten von ihm selbst durchgesehenen Fassung der deutschen Bibel von 1545. Ich meine, es wäre eine schöne Idee, ein solches Buch wieder im Insel Verlag zu machen. Natürlich liegen die Psalmen in verschiedenen Ausgaben und moderneren Übersetzungen und mit Kommentaren versehen vor, aber ich könnte mir vorstellen, daß eine Ausgabe im Insel Verlag sich an ein spezifisches, literarisch interessiertes Publikum wenden würde.

Wäre es möglich, lieber Herr Jonas, daß Sie uns ein Nachwort schrieben, dessen Art und Länge Sie bestimmen könnten?[1] Es sollte sich hierbei nicht um einen tief schürfenden wissenschaftlichen oder gar akademischen Text handeln, eher um eine Hinführung zu dem, was die Psalmen wollen. Man müßte vielleicht ein paar Worte verlieren über die besondere poetische Struktur der

Psalmen mit ihrem berühmten Parallelismus membrorum, auch über die »musikalischen« Überschriften, die ja den Charakter des Sprechgesanges andeuten. Gibt es Vergleiche zu den Psalmen, etwa aus den aus dem Zweistromland stammenden Hymnen, die ägyptischen Götterlieder oder die hethitischen Großreichtexte? Man könnte auch die verschiedenen Formen erwähnen, die Hymnen, das Klagelied des Volkes, die Königspsalmen, das individuelle Klage- und individuelle Danklied. Wie sind sie entstanden? Es gibt ja bei etwa 100 Psalmen einen Verfassernamen, Moses, David, Salomo und andere. Es ist doch auch ein Buch der Hoffnung, in dem Gott den Menschen »aus der Grube des Verderbens, aus tiefem Schlamm« herauszieht,[2] ihm vergibt, ihn erlöst, und dafür dankt der Mensch, und diesen dankenden Lobpreis will Gott hören als das neue Lied, damit es zusammenklinge mit dem von der Schöpfung aufsteigenden Lob. Das ist wohl der Sinn des letzten Aufrufs, »Alles was Odem hat, lobe den Herrn«.[3] Ich würde mich sehr freuen, wenn es möglich wäre, daß Sie uns eine Betrachtung zu den Psalmen zur Verfügung stellen könnten, wir werden ein wunderschönes Buch daraus machen, das auch Ihre Freude finden würde.

Herzliche Grüße, auch an Ihre Frau,
Ihr Siegfried Unseld

---

[1] Hans Jonas antwortete S. U. am 6. Februar 1989, er sehe sich zur Übernahme dieser Aufgabe außerstande.
[2] Paraphrase von Ps 40, 3.
[3] Ps 150, 6.

[70] *An Sigrid Damm, Berlin*

27. August 1990

Liebe Sigrid Damm,
wir schreiben heute den 27. August und ich habe genügend Vorstellungskraft, was vom 28. an über uns hereinbrechen wird.[1] Um so schöner war es, daß wir am Wochenende Ihren so herzlichen Glückwunsch »Der von Osten« empfangen durften. Wußten Sie, daß uns beiden, Ulla und mir, das geheime Zeichen des Ginkgoblattes so wichtig ist, daß wir dieses Gedicht schätzen und lieben und daß auch wir den Versuch machen, »Eins und doppelt« zu sein?[2]
Noch einmal herzlichen Dank. Wir werden Ihnen das nicht vergessen.
Mit freundlichen Grüßen
Siegfried Unseld

1 S. U. und Ulla Berkéwicz heirateten am 28. August 1990.
2 Beide Zitate stammen aus Goethes Gedicht *Ginkgo biloba*. Am 16. September 1998 erschien von S. U. in der Insel-Bücherei als Band 1188 *Goethe und der Ginkgo. Ein Baum und ein Gedicht*, gewidmet Ulla Unseld-Berkéwicz.

[71] *An Octavio Paz, Mexico D. F.*

31. Oktober 1990

Lieber Octavio,
noch einmal, nun auch im Brief, meinen herzlichen Glückwunsch! Wir alle hier sind sehr glücklich über diese Entscheidung.[1]

Wir haben für den deutschen, schweizerischen und österreichischen Buchhandel ein großes Poster gemacht und einen vierseitigen Prospekt in großer Auflage – beides schicke ich Dir zu.²

Nun zu unseren Vorhaben und Plänen:

Am 19. November erscheint ›Arbol Adentro‹ – ›In mir der Baum‹.

Im Mai 1991 wird ›Sor Juana Inés de la Cruz‹ endlich erscheinen. Ich hoffe, es wird Dir möglich sein, zu diesem Zeitpunkt nach Deutschland zu kommen und an zwei, drei Orten (Frankfurt, Berlin oder München) an der Präsentation des Buches teilzunehmen.³

Unsere Vorschläge für die weiteren Bücher: ›Aguila o Sol?‹: Herr Wittkopf würde dieses Buch als nächstes Projekt zur Übersetzung vornehmen. Ist Dir das recht? Es könnte im zweiten Halbjahr 1991 erscheinen. Darf ich Dir einen Betrag von DM 10.000,– dafür anbieten?

Deinen Essay ›Lectura y Contemplación‹ könnten wir in einer eigens für kürzere Texte eingerichteten Reihe ebenfalls im zweiten Halbjahr 1991 herausbringen.⁴ Auch dieses Buch müßte Wittkopf übersetzen. Honorarangebot: DM 5.000,–.

›La Otra Voz‹: Diese Fortführung der Poetikvorlesung, von der wir zwei Titel gebracht haben, ›Der Bogen und die Leier‹ und ›Die andere Zeit der Dichtung‹, könnten wir 1992 herausbringen.⁵ Hierfür würde ich Dir ein Honorar von DM 10.000,– vorschlagen.

Du hast mit Michi⁶ einen Band Texte über mexikanische Kunst besprochen – ca. 250 Seiten. Wir würden das gerne bringen, aber wahrscheinlich würde sich das in das Jahr 1992 oder gar 1993 hineinziehen, da ich annehme, Du wünschest, daß Wittkopf auch diese Texte übersetzt.

Bei dieser Gelegenheit: Deinen Essay Marcel Duchamps ›Die nackte Erscheinung‹ werden wir als suhrkamp taschenbuch im Dezember herausgeben.
Ich wäre Dir dankbar, wenn Du mir zu diesen Vorschlägen schreiben könntest.
Es ist wirklich schade, daß Du in dieser Zeit nicht in Deutschland bist. Wo auch immer ich auf meinen Reisen hinkomme, überall große Sonderfenster der Buchhandlungen »Octavio Paz. Nobelpreis 1990«. Und in diesen Fenstern liegen jene dreizehn Titel aus, die wir von Dir gebracht haben.[7]
Von Marie José habe ich den Katalog ihrer Ausstellung erhalten – sehr faszinierende Collagen. Wie ist es ihr gelungen, diese große Kunst so lange geheim zu halten?[8]
Noch einmal herzliche Grüße aus Frankfurt – insbesondere von Ulla und Michi. Wir hoffen auf das Wiedersehen in Stockholm.[9]
Herzliche Grüße
Dein Siegfried

1 Octavio Paz erhielt 1990 den Nobelpreis für Literatur.
2 Das Poster im Format A 1 zeigt den Nobelpreisträger in einer Frontalaufnahme; das gleiche Photo befindet sich auf dem A 4-Prospekt, der eine Kurzbiographie, das Gedicht *Gewißheit*, eine Aufstellung der im Suhrkamp Verlag erschienenen Titel von Octavio Paz und Pressestimmen enthält.
3 Octavio Paz kam zur Vorstellung des Buchs vom 20.-25. Mai 1991 nach Deutschland. Stationen der Reise waren Frankfurt am Main, Berlin, München und ein Besuch bei Bundespräsident Richard von Weizsäcker in Bonn.
4 Im Frühjahr 1990 wurde die Kleine Reihe ins Leben gerufen, deren Bände mit Bütten-Broschur und Fadenheftung ausgestattet sind.

5 Dieser dritte Band mit poetologischen Essays von Octavio Paz erschien am 23. März 1994 unter dem Titel *Die andere Stimme*.
6 Michi Strausfeld, Mitarbeiterin des Suhrkamp Verlags.
7 Der erste dieser Titel: *Das Labyrinth der Einsamkeit*, erschienen am 8. Juli 1974 als Band 404 der Bibliothek Suhrkamp.
8 Marie José Paz schuf neo-surrealistische Collagen.
9 S. U. reiste mit Ulla Berkéwicz vom 9. bis 12. Dezember 1990 nach Stockholm, die Preisverleihung fand am 10. Dezember statt.

[72] *An Patrick Roth, Sherman Oaks, CA*

2. September 1991

Lieber Patrick Roth,
›Riverside‹ ist erschienen.[1] Ich muß Ihnen sagen, daß ich das sehr gerne gelesen habe. Ich bin gespannt, wie es in der Öffentlichkeit wirken wird und ich bin gespannt und neugierig und bereit, zu lesen, was Sie weiterschreiben.[2] Und ich liebe diesen Alten, der aus des Wassertrogs kleinem Teich die Sichel hebt. »Und siehe, sie glänzt.«[3]
Schöne Grüße
Siegfried Unseld

1 Der Band wurde am 27. August 1991 an den Buchhandel ausgeliefert.
2 Das Verlagsarchiv dokumentiert die positive Resonanz des Buchs in ca. 70 Besprechungen.
3 S. U. zitiert den letzten Satz von *Riverside*.

[73] *An Amos Oz, Arad*

7. April 1992

Lieber Amos,
Ulla und ich danken Dir sehr für Deinen Brief vom 30. März. Wir hatten uns schon außerordentlich über das Interesse der ›Neuen Züricher Zeitung‹ an einem Vorabdruck von ›Der dritte Zustand‹ gefreut – und sind nun sehr enttäuscht über die dumme Reaktion. Man hat Dein Buch mißverstanden. In solchen Fällen bist Du ja ein ›gebranntes Kind‹.[1]

Natürlich vergesse ich nicht, wie wichtig Dir die internationale Anerkennung ist, und ich hoffe, in dieser Hinsicht noch etwas tun zu können.[2]

Ulla wartet auf die Kritiken. Für einen Autor ist dies immer eine schlimme Situation: Kritisieren sie, loben sie?[3]

Wir waren ein paar Tage in der Schweiz. Ich wollte Ski laufen, aber von fünf Tagen war es an vier Tagen neblig und an Skifahren nicht zu denken.[4] Wenn wir das nächste Mal nach Israel kommen, will ich meine Skier mitnehmen und es im Schnee der Wüste von Negev versuchen.

Viele herzliche Grüße von Ulla und von uns allen hier,
Dein Siegfried

---

1 Amos Oz, *Der dritte Zustand*, erschien am 19. August 1992 im Insel Verlag. Der Vorabdruck in der *Neuen Zürcher Zeitung* kam nicht zustande.
2 Die Anerkennung in Deutschland bestand u. a. im Friedenspreis des Deutschen Buchhandels, der Amos Oz am 4. Oktober 1992 in der Paulskirche verliehen wurde.
3 Ulla Berkéwicz, *Engel sind schwarz und weiß*, erschien am 5. März 1992. Die Kritik reagierte mit etwa 140 Besprechungen.
4 S. U. verbrachte die Tage vom 29. März bis zum 3. April 1992 in St. Moritz.

[74] *An Cees Nooteboom, Amsterdam*

23. Juni 1992

Lieber Cees,
ich war in Chicago, dort war ein doppeltes Jubiläum zu feiern: die University of Chicago Press wurde hundert Jahre alt und Morris Philipson ist seit nunmehr 25 Jahren ihr Direktor. Er hatte mein Buch ›The Author and his Publisher‹ verlegt – und so folgte ich seiner Bitte, bei dieser Celebration of a Centenary eine kleine Rede zu halten.[1] Ich tat das, und nachher kam eine attraktive Dame auf mich zu, die mir auch ihren Namen aufschrieb, aber als ich dann nachsah, waren es zwei Namen: Lis Phillabaum und Catherine Iry, Louisiana State University Press. Nennen wir sie Lis.

Sie sagte: »Professor Unseld, I am Lis from Louisiana State University Press.« Ich sagte ihr, ich sei kein Professor, aber angeblich freute ich mich, ihr zu begegnen. »Doctor Unseld, you gave the best speech, I congratulate you.« Das hört man gern. »How wonderful your first sentence: it is easy to become a publisher, but hard, to remain one.« Ich konnte ihr zustimmen, daß in der Tat mein Satz gut sei. »I like your ›but's‹«, sagte sie, Zweifel sei schön. Aber, so meinte ich, ein ›but‹ ist doch kein Zweifel. »No, you are right, but it shows a sign of scepsis.« Und dann fuhr sie fort, »I learned, you are the publisher of Cees Nooteboom.« Ich zeigte mich erfreut. »Cees was with us and he talked about you.« Oh, sagte ich, »thats fine.« Meine Gegenfrage: »Was Cees not satisfied with his German publisher?« Sie: »Oh, quite the contrary!«

Dann fuhr sie fort und war nicht zu stoppen: »You know, Cees is a genius.« Da konnte ich ihr sofort beipflichten: »It's right, it's right, but by all means, what did he tell about me?« Die Antwort: »You are not only his best publisher, you are the best publisher.« Keine Einschränkung, fragte ich sie? »No reservation at all.« Lis wurde mir eigentlich immer sympathischer, eine schöne Frau, schwarze Haare, kluges Gesicht, durchdringende Augen, eine gute, durchaus sinnliche Figur, in schwarzem Samt gekleidet, durch die hochhackigen Schuhe kamen die wohlgeformten Beine zur Geltung. Irgendwie wurden wir durch jemanden getrennt, doch sie kam wieder: »Don't you think, he is really great?« Ich realisierte, daß sie nicht Morris Philipson, um den es am Abend ging, sondern Cees Nooteboom meinte. Sie kenne freilich nicht ›Die folgende Geschichte‹, Cees habe ihr erzählt, sein deutscher Verleger habe schon 80.000 Exemplare verkauft und sie zitierte Cees: »The Dutch gave it away as gift, but these Germans, they sell!« Ich sagte ihr nicht, daß dieses Geschenk von 500.000 Exemplaren ja eine grandiose Werbung gewesen sei.[2] Dann: »You know him, perhaps you are his friend, how is he, is he difficult?« Nun, das war einfach zu beantworten: »Every genius is difficult.« Sie: »I like him very« – sie wiederholte es, »very much.« Nun, das war offensichtlich.

Dann sagte sie: »You have spoken something wise on ›loyality‹, can you tell me this again?« Ich sagte ihr, sie sei klug, denn dies sei der einzig philosophische Satz meiner Rede gewesen: »Only someone with a strong Ego i.e., a truly free person can be loyal.« Sie fragte noch, »is he loyal to you and are you loyal to him?« – ich konnte aber nicht antworten, weil sich wieder eine Dame, diesmal von Beacon Press, Boston, dazwischenschob, um mir zu erzählen, wie schwierig es sei, Habermas zu verlegen: »You know Habermas, is he difficult?«

Nun war ich schon gewohnt zu sagen, »All geniusses are difficult«, ich konnte mich also wiederholen. Dann kam wieder Lis, sie kam ganz nahe. Immer wieder wurde das Licht ausgelöscht, um das Ende der Veranstaltung zu signalisieren. Schließlich fragte ich sie, ob wir noch einen Drink nehmen sollten, ich könnte ihr dann ja noch von Cees Nooteboom erzählen? Wir schauten uns an, aber da trat ein Mann, der uns schon die ganze Zeit beobachtet hatte und um uns herumgegangen war, zu uns, ich hörte nur, wie sie sagte: »Siegfried, this would be nice, but ... !«
Lieber Cees, adventures in Chicago.
Herzliche Grüße,
auch an Simone,
Siegfried

1 S. U. reiste vom 16.-22. Juni 1992 nach New York und Chicago. Die Jubiläumsfeier fand am 20. Juni in der Alten Börse von Chicago statt. S. U., *The Author and his Publisher*, erschien 1980 in der Übersetzung von Hunter G. Hannum und Hildegarde K. Hannum. *Der Autor und sein Verleger* erschien im Suhrkamp Verlag am 7. Februar 1978.
2 Bei der ›Buchwoche‹ 1990, die der niederländische Buchhandel alljährlich im April begeht, wurde der Band 500.000mal als Geschenk an Buchkäufer verteilt.

[75] *An Peter Bichsel, Solothurn*

4. September 1992

Lieber Peter,
wir wollen es schriftlich festhalten: der Suhrkamp Verlag und sein Verleger sind hocherfreut, Peter Bichsel nun als Autor betreuen zu dürfen. Ich habe gestern Dein Manuskript ›Zur Stadt Paris‹ gelesen,[1] dieses Manuskript ist ein ganzer, echter, großer Peter Bichsel; Du bist ein großer Geschichtenerzähler, wie Robert Walser, der eine zweite Welt in der hiesigen entwirft, der »seine« Menschen liebt, seien sie nun arme oder reiche Tröpfe.

Du hast die Texte noch nicht in eine strenge Folge gebracht und Du sagtest mir ja auch, daß Du noch einige Texte schreiben möchtest. Das schien mir gut. Einige wenige Texte – ›Eine Frau‹ – ›Abenteuer‹ – ›Eitelkeit‹ – z.B. sollte man noch einmal überdenken, und Du könntest darüber ja auch mit einem Lektor hier sprechen. Ich denke, daß Rainer Weiss für Dich der Ansprechpartner ist – oder wünschst Du Dir einen anderen Lektor? Die Gespräche könnten nach der Buchmesse stattfinden.

Wir gehen davon aus, daß wir im Oktober das Manuskript haben, wir wollen ein schönes Buch machen und dieses Buch auch sehr sorgfältig vorbereiten, Lese-Exemplare etc.

Wir wollen einen Vertrag schließen. Ladenpreis ca. DM 24,–, Dein Honorar 12%. Ich biete Dir eine Vorauszahlung von DM 50.000.– an. Bitte laß mich frank und frei wissen, wie Du über alles denkst.

Herzliche Grüße
Dein Siegfried

---

1 Peter Bichsel, *Zur Stadt Paris*, erschien am 4. März 1993.

[76] *An Heiner Müller, Berlin*

21. Januar 1993[1]

Lieber Heiner
in der ›FAZ‹ las ich Dein großes Gedicht vom Tod Senecas. Es hat mich bewegt, in mehr als einer Hinsicht.[2] Solche Gedichte brauchen wir. Solche möchte ich verlegen.
Du hast schwierige Zeiten. Ich zweifle nicht an Deiner Integrität. Vielleicht nahmst Du Dir zuviel vor: mit diesem Dienst die damalige DDR zu retten.[3]
Ich gedenke Deiner mit Zuversicht.
Herzlich grüßend
Siegfried U.

1 Handschriftlicher Brief.
2 Vgl. Heiner Müller, *Senecas Tod*, in: ders., *Werke 1 (Die Gedichte)*, Suhrkamp Verlag, Frankfurt am Main 1998, S. 250f. Die *Frankfurter Allgemeine Zeitung* druckte das Gedicht am 20. Januar 1993 auf S. 27.
3 In der Presse war verbreitet worden, daß Heiner Müller vom Ministerium für Staatssicherheit der DDR als »Inoffizieller Mitarbeiter« geführt wurde. Belege einer praktischen Zuarbeit Müllers für die Stasi und zum Schaden Dritter fanden sich nicht.

[77] *An Robert Schindel, Wien*

4. April 1994[1]

Lieber Robert Schindel
als Schwabe nehme ich Sie in den Kreis der Erwachsenen auf
als Verleger in den Kreis der inneren Suhrkamp Autoren
als Leser bin ich beglückt vom lyrischen Romancier und

dem philosophischen Lyriker, der Poesie mit Bänkelsang verbindet.
»Und so fortan«[2]
dies wünschend bin ich
Ihr Siegfried Unseld

1 Der 50. Geburtstag von Robert Schindel; handschriftlicher Brief.
2 Johann Wolfgang Goethe, *Faust II*, 1. Akt, Vers 4936.

[78] *An Ralf Rothmann, Berlin*

2. September 1994

Lieber Ralf Rothmann,
schönen Dank für Ihren Brief mit dem Goetheschen Datum. Ich verstehe Ihre Empfindlichkeit, aber ganz offen gesprochen: ich kann sie nicht teilen.[1] Heute werden Bücher und Umschläge natürlich in Form der industriellen Produktion hergestellt; die sogenannten »Fliegenschisse« sind auch nur so zu vermeiden, daß sie in der Regel gar nicht gesehen werden. Sie entstehen dadurch, daß während des Druckvorganges Staub oder Staubkörner auf die Druckwalze geraten. Das ist nicht zu vermeiden.
Der trübe Streifen: er rührt wahrscheinlich von der Folie, aber Sie müssen zugeben, er ist kaum sichtbar. Und Ihr letzter Punkt: es gibt hier wirklich keinen Druck auf dem Leinenrücken, sondern es gibt eine Prägung. Und hier muß ich Ihnen zustimmen: die Prägung ist nicht sonderlich geglückt.
Ich kann Ihnen aber gerne zusichern, daß wir bei einer 2. Auflage alle diese Punkte beachten werden. Und ich

werde den Druckern Ihren Brief und Ihre Stellungnahme zur Kenntnis geben.
Wir sehen uns am 14. September und am 1./2. Oktober.[2]
Ich freue mich.
Herzlich
Ihr Siegfried Unseld

P. S.
Wir haben keinesfalls die Ihnen zugesandten Beleg-Exemplare handverlesen ausgesucht. Der Auftrag zum Versand ging an unsere Auslieferung in Stuttgart und dort wurden sie vom Lager genommen.

P. P. S.
Es wird Sie interessieren: mit Ihrer Post kam ein Brief von Hermann Lenz vom 29. August zu seinem Buch ›Zwei Frauen‹: »Das Buch ist so geworden, wie ich's mir gewünscht habe. Die Farben von Umschlag und Einband gehen gut zusammen, und wieder mal ist es vorbildlich gedruckt.«

[1] Ralf Rothmann, *Wäldernacht,* erschien am 27. Juli 1994. Rothmann beklagte sich in seinem Brief vom 28. August 1994 über Unregelmäßigkeiten im Druck des Umschlags.
[2] Am 14. September 1994 stellte der Suhrkamp Verlag auf einer Pressekonferenz im Museum für Moderne Kunst das Rote Programm vor, eine Serie aus Debüts der vorangegangenen 15 Jahre und Neuerscheinungen. Neben Ralf Rothmann hatten ihre Teilnahme zugesagt: Ulla Berkéwicz, Urs Faes, Rainald Goetz, Durs Grünbein, Norbert Gstrein, Reto Hänny, Thomas Hettche, Thomas Kling, Andreas Neumeister, Patrick Roth, Marlene Streeruwitz und Josef Winkler. S. U. feierte seinen 70. Geburtstag (28. September 1994) am 1./2. Oktober mit einem Autorenabend und einer Matinee zu Ehren Uwe Johnsons im Frankfurter Schauspiel.

[79] *An Louis Begley, New York*

9. November 1994

Lieber Louis,
darf ich annehmen, daß es Ihnen nicht allzu unangenehm ist, wenn wir von Frankfurt aus deutsch schreiben, wir haben ja Gelegenheit gehabt, Ihre Kenntnisse zu bewundern,[1] während Sie selbstverständlich bei Englisch bleiben sollten. Diese Lösung würde die Kommunikation erleichtern.

Ich nehme an, Sie sind nach Ihren Italien-Aufenthalten wieder zurückgekehrt.[2] Hier also die neuesten Nachrichten:

Wir haben bis jetzt ungefähr 65.000 Exemplare verkauft, wir haben noch einen guten Bestand von Büchern und bereiten die nächste Auflage mit 20.000 Exemplaren vor. Wir rechnen, daß wir gegen Ende des Jahres 80.-90.000 Exemplare verkauft haben werden.[3]

Mit getrennter Post schicke ich Ihnen das Magazin ›buch aktuell‹. Sie sind dort das covergirl und auf den Seiten 7 und 76 wird über das Buch gehandelt.[4] Ich sagte Ihnen schon, daß diese Werbung von uns bezahlt wird mit etwa DM 180.000.–, das Magazin erscheint in einer Auflage von 1,2 Millionen Exemplaren und soll angeblich nach der Erfahrung von 2 Millionen Bücherlesern gelesen werden. Jede Buchhandlung in Deutschland hat das Magazin für die Kunden ausliegen.

Ihr Buch steht nach wie vor auf der ›Spiegel‹-Bestsellerliste, gegenwärtig (7. November) auf Platz 7, dabei befinden Sie sich nicht nur in der Nähe von Grisham, sondern auch von García Márquez.[5]

Wir haben von dem Buchhändler-Abend (8. Oktober), dem Abend in der Jüdischen Gemeinde (5. Oktober) und auch von dem Geburtstagsfest (4. Oktober) einige Fotos, die wir Ihnen ebenfalls zusenden.[6]

Zusammenfassend läßt sich doch sagen: der Erfolg ist groß, gut und schön und es ist auch festzustellen, daß Sie daran einen guten Anteil hatten; die Buchhändler haben sich in überwältigender Zahl enthusiastisch über unseren Abend und Ihre Anwesenheit ausgesprochen. Das bringt mich zu einer Frage: als Sie hier waren, tauchte die Überlegung auf, ob es wohl möglich wäre, daß Sie noch einmal zu einer Lese-Reise nach Deutschland kämen. Ideal wäre eine Woche im April 1995. Ideal (wegen Ostern bzw. Osterferien) die Woche vom 3. bis 9. April oder vom 24. bis 30. April 1995.[7]

Ich selber möchte Ihnen herzlich danken, daß Sie an meinem Geburtstagsfest teilnahmen; auch hier haben sich meine Freunde gefreut, Sie kennenzulernen.

Soeben trifft ein Brief des Bundespräsidenten Herzog ein, den ich Ihnen in Kopie mitsende.[8]

Also, rundum alles in bester Befindlichkeit.

Ich war am letzten Wochenende in Warschau, um beim 70. Geburtstag von Zbigniew Herbert zu sein. Ich habe eine Fahrt durchs Ghetto gemacht und bin auch an den Ort gekommen, an dem das deutsche Wort »Umschlagplatz« eingemeißelt steht. Ich habe sehr an Sie gedacht.[9]

Herzliche Grüße

Ihr Siegfried Unseld

---

1 Louis Begley kam vom 4.-9. Oktober 1994 zur Buchmesse nach Frankfurt am Main.

2 In Venedig verbrachte Louis Begley die Ferien.

3 Louis Begley, *Lügen in Zeiten des Krieges*, erschien am 27. Juli 1994. Das 83,5 bis 99. Tausend wurde in der sechsten Auflage am 16. Januar 1995 erreicht.

4 Die Ausgabe Winter 1994 zeigt auf der Titelseite ein Photo von Louis Begley, stellt ihn auf S. 7. mit einem Interview und einer Kurzbiographie vor und enthält auf den Seiten 76/77 eine Besprechung des Romans.
5 Gabriel García Márquez, *Von der Liebe und anderen Dämonen*, befand sich auf Platz sechs, John Grisham, *Der Klient*, auf Platz zwei der Bestsellerliste.
6 Am 5. Oktober 1994 las Louis Begley im Jüdischen Gemeindezentrum, am 4. Oktober feierte S. U. in seiner Zweitwohnung in der Frankfurter Hynspergstraße mit Autoren und Verlegern seinen 70. Geburtstag nach.
7 Die Lesereise fand zwischen dem 3. und 8. April 1995 statt.
8 Roman Herzog bedankte sich mit seinem Schreiben vom 4. November 1994 bei Autor und Verleger für die Übersendung eines Widmungsexemplars von Louis Begley, der dem Bundespräsidenten nach der Verleihung des Friedenspreises des Deutschen Buchhandels an Jorge Semprun am 9. Oktober 1994 von S. U. im Hotel Frankfurter Hof vorgestellt worden war.
9 Am 29. Oktober 1994 nahm S. U. an der Geburtstagsfeier von Zbigniew Herbert in Warschau teil, am Tag darauf war er im ehemaligen Ghetto. Der »Umschlagplatz«, von dem die Deportationszüge abfuhren, wird in Louis Begleys Roman beschrieben.

[80] *An Ulrich Beck, München*

17. Januar 1995

Lieber Herr Beck,
ich wende mich zu Beginn des Jahres an Sie mit einer Frage, einer Überlegung, einem Angebot, einem Anschlag: Sie haben mit Ihrem Buch ›Risikogesellschaft‹ einen Paradigmenwechsel, nicht nur in der Gesellschaftstheorie, herbeigeführt, der vieles neu sehen läßt.[1] Und Sie haben, in Entfaltung Ihrer theoretischen Analyse, sich auch mit

den täglichen Risiken des täglichen Lebens befaßt. Gerade der letztere Aspekt scheint mir äußerst spannend zu sein, zeigt er doch, wie konkret der einzelne mit Risiken umgehen, sich auf sie einlassen muß, sein eigenes Leben also selbst zu gestalten hat. Da diese »Bastelbiographie«, die der einzelne auf Grund eigener Entscheidungen zu führen hat, alle Lebensbereiche betrifft, müssen sich die Personen bei ihren jeweiligen Entscheidungen auf möglichst viele Informationen verlassen. Und – jetzt kommt's – mir scheint, daß diese Informationen nirgendwo eine publizistische Plattform besitzen. Meine Frage an Sie lautet also: Könnten Sie sich vorstellen – ob innerhalb der edition suhrkamp oder den suhrkamp taschenbüchern wäre noch zu überlegen – als Herausgeber, Initiator, einer eigenen Reihe zu wirken, in der Bücher verlegt würden, die sich nicht hochtheoretischen Überlegungen zur Gesellschaftsanalyse widmen, sondern auf einer mittleren Ebene Informationen liefern, die für den Alltag von der Gesundheit über die Ökologie bis zur Fragen des Lebensstils relevant sind. Sie merken, ganz konkret kann und will ich Ihnen keine Vorgaben für diese Reihe machen, doch Sie sind sicher der einzige, der einen solchen Rahmen mit konkreten Inhalten füllen könnte. Ob meine Anregungen Ihr geneigtes Ohr finden werden?[2]
Freundliche Grüße
Ihr Siegfried Unseld

1 Ulrich Beck, *Risikogesellschaft*, erschien am 18. September 1986 als Band 1365 der edition suhrkamp.
2 Bei einem Besuch im Verlag am 12. April 1995 konkretisierten Ulrich Beck, Raimund Fellinger und Rainer Weiss die Initiative. Das Resultat: u. a. die von Beck herausgegebene Buchreihe Edition Zweite Moderne.

[81] *An Norbert Gstrein, Solothurn*

7. März 1995

Lieber Herr Gstrein,
wir haben heute zu dritt das Gespräch zum Bericht ›Der Kommerzialrat‹ geführt. Unisono sind wir beim Urteil angekommen, das Manuskript in diesem Herbst zum Buche machen zu wollen. Wir haben uns darauf verständigt, daß Herr Döring den Text vornimmt und jene kleineren stilistischen Dinge einträgt, die uns Dreien aufgefallen sind.[1] Es wird sich also bei diesen Eintragungen von Herrn Döring nicht um strukturelle Dinge handeln, das wissen wir, das können Sie nicht ändern, und nach meinem persönlichen Dafürhalten brauchen Sie auch nicht zu ändern. Wenn Sie das Ganze noch einmal durchsehen, wäre vielleicht zu fragen, ob dem Leser die berichteten Vorgänge eindeutig sind. Und bitte nehmen Sie diese von Herrn Döring eingezeichneten Änderungen lediglich als Vorschläge. Sie müssen sie nicht berücksichtigen, wenn Sie anderen Urteils sind.

Jetzt kommt gewissermaßen eine Minderheitsvotumsbitte: Ich überlege mir, ob es wichtig ist, daß Teil II vom ›Kommerzialrat‹ geschrieben sein muß. Sollte man das nicht besser »offen« lassen? Das hieße, man würde auf Seite 90 die Monate September, Oktober, November streichen, streichen auch das Wort Dezember, und ich persönlich ginge gar so weit, diesen Dezemberteil ersatzlos zu streichen (selbstverständlich kann im Text alles so bleiben wie es jetzt ist, also auch, daß das Ich sich »gegen Ende des Sommers entschloß, alles aufzuschreiben«).[2] – Doch, wie gesagt, das ist auch nur eine Anregung und ich stehe mit ihr allein da.

Der Titel: Natürlich ist die Titulatur ›Kommerzialrat‹ in

Österreich so gängig wie ehedem, aber bei uns ist dies anders. Gewiß, es spielt ja nun nicht in Deutschland, sondern in Österreich in einer kleinen Stadt, aber trotzdem gebe ich noch einmal zu bedenken, ob man nicht doch zu einem anderen Titel kommen sollte. Ich fände nach wie vor ›Freund‹ oder ›Der Freund‹ gut, aber vielleicht fallen Ihnen noch andere Möglichkeiten ein.[3]
Jedenfalls möchte ich Ihnen also ausdrücklich sagen, daß wir – unisono – sicher sind, daß das Buch bei uns im Frühherbst erscheinen wird. Und ich freue mich darauf.
Schöne Grüße
Ihr Siegfried Unseld

P. S.
Wir haben vom 10.-12. April 1995 unsere Herbstvertreterkonferenz. Dabei wird jeweils ein Buch besonders vorgestellt, und zwar bei mir zu Hause in der Klettenbergstraße. Ich möchte Sie einladen, am 10. April nach Frankfurt zu kommen und in meinem Haus eine kleine Lesung zu machen.[4]

---

1 Das Lektoratstriumvirat bestand aus Ulla Berkéwicz, Christian Döring und S. U.
2 Der Autor übernahm die Änderungsvorschläge nicht.
3 Es blieb bei dem Titel *Der Kommerzialrat*.
4 Norbert Gstrein las am 10. April 1995 in der Klettenbergstraße aus dem *Kommerzialrat*.

[82] *An György Konrád, Budapest*

25. September 1995

Lieber György,
Deine Erinnerung ›Heimkehr‹ ist jetzt in der deutschen Fassung erschienen, ich schicke Dir ein Exemplar zu.[1] Ich habe jetzt diesen Text gelesen und bin sehr bewegt, zumal ich ein ganz ähnliches Heimkehr-Erlebnis hatte; auch ich war nach dem Krieg auf der Suche nach dem verlorenen Paradies. Gefunden, äußerlich, hat man es ja nicht, aber schon die Suche war rückwärts gesehen wesentlich.
Herzliche Grüße
Dein Siegfried Unseld

1 György Konrád, *Heimkehr*, erschien am 21. September 1995.

[83] *An Peter Weber, London*

14. November 1997

Lieber Peter Weber,
herzlichen Dank für Ihren Brief vom 11. November. Es freut mich, von Ihnen so Gutes, Schönes, Produktives zu hören. Ich habe den Text, der in der ›NZZ‹ abgedruckt war mit dem Titel ›Hallen‹ gerne gelesen.[1] Köstlich, diese Aufpasser, diese *Marescialli del silenzio* in der Sixtinischen Kapelle.
Nun stellen Sie, ich weiß, mit Fug und Recht, eine Frage und bitten um meinen Rat. Und ich muß Ihnen sagen, das ist gar nicht so einfach. Am besten wäre, das mündlich zu besprechen. Vielleicht könnten wir uns doch einmal in London zusammensetzen. Da Sie mich direkt fragen, will

ich Ihnen eine vielleicht überraschende Antwort geben. Von meiner Überlegung aus ist es nicht unbedingt erforderlich, daß Sie unter der Schweizer Equipe zur Buchmesse erscheinen. Ich möchte Sie damit natürlich nicht treffen, weil ich weiß, wie sehr die Autoren nach Frankfurt drängen. Aber ich meine, in Ihrem besonderen Fall ist das nicht unbedingt erforderlich.

Nun aber zu Ihrer Frage: vierzig Texte oder Roman? Und auch hier werde ich Sie wahrscheinlich überraschen. Sie haben sinnvollerweise diese jetzt dreijährige Pause eingelegt. Das ist vollkommen richtig gewesen und ist es jetzt noch, doch meine ich, nach einem weiteren Jahr oder gar nach einem zweiten Jahr müßte dann etwas ›Größeres‹ kommen und nicht so sehr eine Sammlung von kleineren Texten. Andererseits gefällt mir der Text, den Sie mir geschickt haben. ›Hallen‹ gefällt mir sehr, und wenn es also vierzig solche Texte gäbe, würde ich nicht zögern, Ihnen zu raten, das vielleicht doch 1998 herauszubringen.[2]

Also lassen Sie uns einfach darüber reden, sei es in London, sei es auf meine Einladung hier in Frankfurt. Jedenfalls wünsche ich Ihnen alles Gute und würde mich sehr freuen, bald wieder mit Ihnen zu kommunizieren.

Herzliche Grüße
Ihr Siegfried Unseld

1 Die *Neue Zürcher Zeitung* druckte *Hallen* am 14. Oktober 1997 in Zusammenhang eines Interviews mit Peter Weber. Der Text erschien mit 23 weiteren Miniaturen am 11. September 2002 in Webers Band *Bahnhofsprosa*, S. 9-12.
2 Am 22. September 1999 erschien Peter Webers Roman *Silber und Salbader*.

[84] *An Einar Schleef, Berlin*

3. Februar 1998

Lieber Herr Schleef,
von der Rudolf-Alexander-Schröder-Stiftung erhielt ich Fotokopien der Reden, die bei der Verleihung des Bremer Literaturpreises gehalten wurden. Ich habe dann auch Ihre Rede lesen können.[1]
Es tat mir leid, daß ich meine Ankündigung, nach Bremen zu kommen, nicht wahrmachte. Ich wurde dringlich (von Autoren!) ins Ausland gerufen, es war ein wirklicher Notfall, dem ich nicht ausweichen konnte.[2]
Ich habe aber Herrn Müller-Schwefe ja gebeten, meine Vertretung wahrzunehmen.
Und nun las ich auch Ihre Ausführungen über den Verleger. Machen Sie sich keine Sorgen. Zwar bläst der Wind uns schärfer ins Gesicht, aber wenn die Krise nicht noch schärfer wird, dann werden wir in der Lage sein, Ihre Bücher zu tragen. Und ich habe gerne gelesen, daß Sie sich am Anfang Ihrer schriftstellerischen Karriere fühlen.
Herzliche Grüße und gute Wünsche
Ihr Siegfried Unseld

1 Der Bremer Literaturpreis wurde Einar Schleef am 26. Januar 1998 verliehen. Die Rede von Schleef ist im Privatdruck der Rudolf-Alexander-Schröder-Stiftung zur Preisverleihung 1998 enthalten.
2 S. U. flog kurzfristig nach Paris.

[85] *An Peter Sloterdijk, Karlsruhe*

9. März 1998

Lieber Peter,

ich habe am vergangenen Wochenende in Deinem Manuskript ›Sphären‹ gelesen. Ich kann nicht sagen, daß ich es voll und ganz studiert habe. Das wäre an einem Wochenende auch gar nicht möglich. Aber mir ist doch eine wichtige Sache ganz deutlich geworden: Selbst wenn ich das letzte mich sehr beeindruckende Buch von Hans Blumenberg in Rechnung stelle:[1] unter den philosophisch-essayistischen Büchern ist mir in den letzten Jahren, vielleicht sogar zwei Jahrzehnten, keines untergekommen, das eine derartige Spannweite aufweist und zugleich völlig neue, bisher unbekannte, ja ungedachte Denkwege einschlägt. Die ›Kritik der zynischen Vernunft‹ war ein geniales Jugendwerk,[2] jetzt sind die ›Sphären‹ das Werk des reifen Denkers, der alles überblickt.

Wenn ich es recht sehe, beantwortet das Buch die Frage »Wo leben wir Menschen, nachdem wir wissen, daß wir auf einer Kugel, einem Globus leben?« Und hier taucht nun der Begriff der Sphären auf, »Sphären, der Ort, den Menschen erzeugen, worin sie vorkommen können«.[3]

Ich bin sicher, daß ich noch manche Stunde in diesem Buch zubringen werde. Und ich möchte Dir herzlich gratulieren zum Abschluß dieses bedeutsamen Werkes. Ich bin froh, daß wir uns entschieden haben, zunächst diesen ersten Band zu bringen. Es wird vielen so gehen wie mir, daß man erst eine Zeit braucht, um diesen ersten Band zu verarbeiten. Ich bin aber sicher, daß dieser Band ein ganz großer Erfolg werden wird, dessen Dimension wir jetzt noch gar nicht ausmachen können.

Noch einmal herzlichen Glückwunsch und herzlichen Dank. Ich bin sehr glücklich, dieses Buch im Herbst bringen zu können.[4]
Herzliche Grüße
Dein Siegfried

1 Von Hans Blumenberg war am 18. September 1997 *Die Vollzähligkeit der Sterne* erschienen.
2 Das »Jugendwerk« des bei seinem Erscheinen am 24. Februar 1983 35jährigen Autors liegt heute in einer Gesamtauflage von über 120.000 Exemplaren vor; es erschien als Band 1099 der edition suhrkamp.
3 Eine Paraphrase aus der Einleitung, vgl. S. 28 der Druckfassung.
4 Peter Sloterdijk, *Sphären I*, erschien am 27. Oktober 1998.

[86] *An Anne Weber, Paris*

12. November 1999

Liebe Frau Weber,
Jörg Steiner, der mir in seinem Brief für Verschiedenes dankte, kam am Schluß auch auf das »tolle« Buch der Anne Weber zurück.[1] Ich nahm aus meiner Bibliothek den es-Band 2108, schlug ihn auf, fand das Foto, dieses ironisch-herrliche schöne Gesicht mit den hinterfragenden Augen, dann erinnerte ich mich: Wir sahen uns auf der Messe, ich mußte mich anstrengen, mich aufrichten, um Ihnen in diese Augen schauen zu können.
Jetzt habe ich Ihre Geschichten gelesen. Ich bin sehr fasziniert! Wenn dies Ihr Debüt ist, so weiß man Bescheid. Wir, der Suhrkamp Verlag und die Literatur, haben eine neue Autorin bekommen, eine hervorragende Autorin,

mit einer neuen, nie dagewesenen Empfindung und einer eigenen kräftigen Sprache. Mit welcher Prägnanz folgen Sie Ihrer ausufernden Phantasie! Ich hatte ja Zweifel, ob man mit Kürzestgeschichten noch etwas anderes ausdrücken kann als mit einem Roman, aber Sie haben mich überzeugt. Ich glaube, Ihnen ist hier ganz Besonderes gelungen, ein Angehen gegen die Kälte in uns und um uns, und wenn man alles zusammennimmt, ein phantastisches Psychogramm unserer Zeit.
Herzliche Grüße
Ihr Siegfried Unseld

Sollte ich im Dezember nach Paris kommen, melde ich mich (vorher).[2]

1 Anne Weber, *Ida erfindet das Schießpulver*, erschien am 18. August 1999. Im Vorjahr veröffentlichte Weber eine französische Fassung unter dem Titel *Ida invente la poudre* bei den Editions du Seuil. Jörg Steiner bedankte sich in seinem Brief vom 3. November 1999 u. a. für das »wunderbare« Buch.
2 S. U. fuhr am 6. Dezember 1999 zur Feier von Peter Handkes Geburtstag nach Paris. Der Plan eines gemeinsamen Mittagessens mit Anne Weber scheiterte.

[87] *An Imre Kertész, Budapest*

28. Juli 2000

Lieber Imre Kertész,
ich habe unseren Vertrag unterschrieben und ich hoffe sehr, er begründet eine gute und lange Zusammenarbeit.

Frau Helene Ritzerfeld hat noch am Freitagnachmittag, 21. Juli, an dem Vertrag gearbeitet und Ihre Korrekturwünsche berücksichtigt. Es war ihre letzte Arbeit. Am Samstag, dem 22. Juli, ist sie gestorben; wir fanden sie am Montagmittag tot in ihrer Wohnung.[1]
Herzlich
Ihr Siegfried Unseld

P. S.
Bitte übermitteln Sie uns die Angaben des Kontos, auf das wir die vereinbarte Vorauszahlung überweisen können.

1 Helene Ritzerfeld nahm die Arbeit an ihrem Lebenswerk für den Verlag und seine Autoren 1949 auf, war bis zu Peter Suhrkamps Tod 1959 dessen ›rechte Hand‹ und leitete in den darauffolgenden 41 Jahren die Abteilung Rechte und Lizenzen des Verlags.

[88] *An Christoph Hein, Berlin*

20. Juni 2001

Lieber Christoph,
ich habe Dir schon in Leipzig gesagt, wie gut mir Deine Hans Mayer-Rede gefallen hat.[1] Aber ich muß etwas gestehen: die technische Übertragung war nicht gut und ich habe nicht mehr als die Hälfte verstehen können. Doch diese Hälfte hat mir ja schon zu meinem Urteil gereicht. Nun aber habe ich das Ganze gelesen. Ich kann nur sagen: großartig.
Ich werde mir auch etwas ausdenken, wie diese Rede verbreitet werden kann, denn die Welt soll das wirklich lesen

können und jetzt hat für mich die Tatsache, daß die Vorredner ohne Beifall blieben, während Du einen intensiven Beifall erhieltst, auch einen besonderen Sinn. Wir werden darüber noch reden.²
Noch einmal vielen Dank und herzliche Grüße –
Dein Siegfried

1 Die Stadt Leipzig verlieh Hans Mayer, der am 19. Mai 2001 in Tübingen gestorben war, auf einem Festakt am 9. Juni posthum die Ehrenbürgerwürde. Christoph Hein hielt die Gedenkrede.
2 Vor Christoph Hein sprachen Oberbürgermeister Wolfgang Tiefensee, Staatsminister Joachim Meyer, Volker Bigl, im Anschluß an Hein las Christa Wolf aus Hans Mayer, *Ein Deutscher auf Widerruf*. Eine von der Rede abweichende Fassung mit dem Titel *Hans Mayer – Schöne Jahrhundertdurchblicke* liegt vor in: Christoph Hein, *Aber der Narr will nicht*, erschienen am 10. März 2004, S. 142-155.

Der Verleger
Oder: Der Entschluß zum Autor

»Für Peter Suhrkamp bedeutete Briefschreiben einen nicht unwichtigen Teil seiner Existenz«, notierte Siegfried Unseld über seinen Vorgänger, den Begründer des Suhrkamp Verlages, und fügte im Nachwort zu seiner Edition von dessen *Briefen an die Autoren* hinzu: »Er scheute im Gespräch wie auch oft in seinen Handlungen das stark Unmittelbare, in Briefen vermochte er sich auszusprechen und das auszudrücken, was ihm im Gespräch zu sagen nicht möglich war.« Gewiß, an der Suhrkampschen Scheu litt Siegfried Unseld nicht, er war direkt, intensiv und spontan, ging keinem Konflikt aus dem Weg, nahm Herausforderungen an, zu denen anderen der Mut fehlte, und so war ihm das Schreiben von Briefen wohl eher eine Übung des Innehaltens, des Überdenkens, hier konnte er seiner Phantasie nachgeben und Entschlüsse dem Gegenüber vortragen und begründen – und es war das geschriebene Wort, das zählte, das Bekräftigung und Versicherung in einem war, das Wort, auf das der bauen konnte, der einen Brief von Siegfried Unseld erhielt.

Und er schrieb Zehntausende von Briefen. Die Anknüpfung und Aufrechterhaltung eines Briefgesprächs rechnete er zu den wichtigsten Tugenden eines Verlegers, das, was er zuweilen salopp »Post erledigen« nannte, war für ihn eine geradezu ethische Notwendigkeit – zumal dadurch zugleich das eigene Denken und Tun für Zeitgenossen und Nachgeborene unmißverständlich dokumentiert war.

Er antwortete allen, die sich an ihn wandten, die etwas

von ihm wollten, die Rat suchten und Hilfe nötig hatten, in erster Linie aber korrespondierte er mit den Autoren, »seinen« Autoren. Mit ihnen war er täglich im Brief-Gespräch, ihre Anliegen wog er ab, begann zugleich die Diskussion mit den engsten Mitarbeitern, um dann Entscheidungen zu treffen, die er schriftlich festhielt. An deren Formulierung arbeitete er oft sehr lange, manche Briefe nahm er mit nach Hause, um sie Satz für Satz noch einmal zu prüfen, und besprach dann nicht selten das Formulierte mit zwei, drei Lektoren, wobei, dies hatte er mit Suhrkamp gemein, »der Text seiner Briefe nur selten geändert« wurde. Er wußte, was zu sagen ihm notwendig schien.

Dieses Buch wirft ein besonderes Licht auf ein singuläres Verlegerleben. Es erstaunt, wie selbstsicher bereits der erste Brief daherkommt – es ist der Brief eines 27jährigen, geschrieben sieben Tage vor der Arbeitsaufnahme im Verlag von Peter Suhrkamp – und verkündet, was die Begegnung mit Hermann Hesse ausgelöst hat: die Einsicht, seine »Lebensarbeit« gefunden zu haben. »Seien Sie versichert, daß ich in dem mir Möglichen mein Bestes gebe, um Ihr Werk, hochverehrter Hermann Hesse, in einer Weise fortleben zu helfen, die Ihnen angemessen und würdig ist.« Hier verbirgt sich das Credo dessen, der sich zum Verleger berufen fühlt und weiß, daß der Autor sein erster und wichtigster Partner ist, der, wie Suhrkamp es auszudrücken pflegte, »turmhoch« über jenen steht, die im Verlag ihm und seinem Werk zu dienen haben. Klar ist: Es geht nicht um das einzelne Buch, sondern um den Autor in seiner Gesamtheit, um das Werk. Dies dokumentiert sehr deutlich der Brief an Hans Magnus Enzensberger aus dem Jahre 1957, in dem es heißt: »Der Entschluß zur Publikation Ihres Gedichtmanuskriptes ist ein Entschluß zum Autor Enzensberger. Uns läge also daran, Sie überhaupt in unser Verlagsschiff zu übernehmen und Sie zu bitten, auch in Zukunft mit uns zu manövrieren.« Damit ist in nuce das wesentliche Prinzip der Publikationspraxis des Suhrkamp Verlags angesprochen, das bis zum heutigen Tag gilt und weiter zu gelten hat.

Der Verleger und seine Autoren: In den Briefen an sie ist nachzulesen, was verlegerische Arbeit bedeutet, was die Vielfalt und Einzigartigkeit dieses von Siegfried Unseld geliebten Berufes ausmacht. Wie kein anderer Verleger des 20. Jahrhunderts war er mit seinen Autoren verbunden. Unermüdlich ging es ihm darum, dem Autor »gut zu[zu]reden, im Schreiben fortzuwirken« (so in einem Brief an Martin Walser), ihn wissen zu lassen, »daß die Fassung jetzt runder, dichter, gelungener ist« (an Paul Nizon), Treue zu bekunden (an Paul Celan: »Ich versichere Sie meiner wirklichen Treue Ihrem Werk gegenüber für die kommenden Jahre ... und daß ich entschlossen bin – wenn auch Sie es wollen und Sie meiner Arbeit vertrauen – meinen Weg mit Ihnen zu gehen«), bedingungslos an den Autor zu glauben (»Das Wichtigste, lieber Herr Koeppen, das wissen Sie, ist Ihr neues Buch«), für ihn als Leser ganz und gar dazusein (wie für Thomas Bernhard, dem er versichert, daß der Autor »nach jenem ungeschriebenen Gesetz hier im Hause ... das letzte Wort hat. Bis zu diesem Wort aber möchte ich kämpfen mit Ihnen«) und die persönliche Begegnung zu suchen »Ich bin vielleicht – und hoffentlich – gegen die Erwartungen«, schrieb er an Niklas Luhmann, »insofern ein altmodischer Mensch, als mir sehr viel an der persönlichen Begegnung liegt.«

Natürlich stand bei diesen Begegnungen, mal weniger, mal mehr ausgeprägt, ein Thema zur Debatte: das des Geldes, der Einkünfte der Autoren. »Ich mußte mich«, heißt es in einem Brief an Hans Blumenberg, »auch erst allmählich damit abfinden, daß ein Teil meiner täglichen Arbeit darin besteht, mit Autoren Geldfragen zu diskutieren.« Schließlich »scheint mir überhaupt die wichtigste Aufgabe eines Verlegers zu sein, den Autoren Bedingungen für ihre Produktion zu schaffen«. Daß Siegfried Unseld in diesem Punkt vorbildlich gewirkt hat, weiß man und kann andernorts nachgelesen werden – etwa in dem Briefwechsel mit Uwe Johnson. Und wie sehr – und außerordentlich – er die ideellen mit den materiellen Seiten des Verlegerberufs zu verbinden wußte, unterstreichen nicht wenige der Briefe, die in diesem Buch versammelt sind.

Siegfried Unseld war ein Kämpfer, Freund seiner Autoren, ein Mensch, der führen und verführen konnte und der in der Regel bekam, was er wollte. Aber er bezahlte nicht jeden Preis, und Treue war ihm ein entscheidendes Gut. Was er, nach Suhrkamps Tod, gegenüber Theodor W. Adorno festhielt, nahm er selbst äußerst ernst, sein ganzes Leben lang: »Die Treue, die Sie Suhrkamp gegenüber empfinden, wird auch die Treue des Verlages Ihnen gegenüber sein.« Auf Siegfried Unseld konnte man sich verlassen, und die Autoren verließen sich auf ihn. Nicht selten warf er sich für sie in die Bresche, und wenn andere ihn attackierten, den Tod der Literatur oder den Niedergang des Verlages beschwören, was periodisch vorkam, kümmerte er sich um das Geschwätz der »Bescheidwisser«, wie er sie nannte, nicht. Er ging seinen Weg und begeisterte seine Mitarbeiter für diesen Weg. Er wußte, so in einem Brief an Thomas Brasch: »Der Suhrkamp Verlag möchte attraktiv sein für seine Autoren, wenn dies nicht mehr der Fall ist, stimmt auch die Beziehung zwischen Autor und Verlag nicht mehr.« Und daß bei der Erzeugung solcher Art der Attraktion dem Verleger die wesentliche Aufgabe zufiel, wußte er – natürlich – auch.

Als großer Liebender, der er war (wie oft zitierte er das Blochsche »ins Gelingen verliebt sein und in die Mittel des Gelingens« und machte es zum Motto seines Arbeitens), betrieb er seinen Verlag mit Leidenschaft, Ernst, Risikofreude und jenem bei Hermann Hesse gefundenen Eigensinn – und hatte Glück. Davon erzählen die Briefe Siegfried Unselds auf ihre Weise, und mit ihnen wird noch einmal deutlich, wer und wie er war, den alle, nicht nur seine Autoren, »den Verleger« nannten.

Editorische Notiz

Die Anordnung der für diesen Band herangezogenen Briefe folgt der Chronologie. Eine Auswahl von 88 Briefen aus jenen 50 Suhrkamp-Jahren, in denen Siegfried Unseld Zehntausende von Briefen verfaßte, kann in keiner Weise den Anspruch auf eine wie immer verstandene Repräsentativität behaupten.

Die Vorlagen der hier aufgenommenen Briefe befinden sich im Siegfried Unseld Archiv (Brief 1, 1951), im Archiv der Peter Suhrkamp Stiftung an der Johann Wolfgang Goethe-Universität (Brief 2-5, 1953-1959), im Uwe Johnson-Archiv (Brief 6) und in den Archiven der Verlage Suhrkamp und Insel (Brief 7-88, 1959-2001). In der Regel handelt es sich dabei um die Durchschläge der maschinengeschriebenen Originale, deren Wortlaut Siegfried Unseld entweder persönlich einer Sekretärin diktierte oder in sein Diktaphon sprach. Eigenhändige Korrekturen oder Ergänzungen, die er selbst auf den Vorlagen anbrachte oder von Burgel Zeeh, seiner Sekretärin seit 1967, auf die Vorlagen übertragen wurden, werden stillschweigend übernommen. Folglich werden darüber hinausreichende Korrekturen oder Ergänzungen von Siegfried Unseld, die sich nur auf den Originalen – und damit in der Verfügung der Briefempfänger – befinden könnten, nicht berücksichtigt.

Handschriftliche Briefe werden ausgewiesen.

Wenn Standardangaben wie An-, Abrede und Grußformel oder der Zielort des Briefs auf der Vorlage fehlen, werden diese aus dem Kontext des Einzelbriefwechsels ohne Ausweisung rekonstruiert.

Schreibfehler werden diplomatisch korrigiert. Vereinheitlicht werden Abkürzungen, die Ausschreibung des Monats bei Datumsangaben, die Kennzeichnung von Buchtiteln durch einfache Anführungszeichen, Eigenheiten der Interpunktion, die den Duktus des Diktierenden wiedergeben, werden beibehalten.

Brief 1 schrieb S. U. in seiner damaligen Wohnung: Ulm, Glöcklerstraße 31, Absendeorte der Briefe 2-88 sind die Verlagsadressen in Frankfurt am Main:

ab Juli 1950: Neue Mainzer Straße 56,

ab Juni 1951: Schaumainkai 53,

ab Dezember 1956: Untermainkai 13,

ab April 1963: Grüneburgweg 69 und

ab Dezember 1968: Lindenstraße 29-35.

Die Kommentierung der Briefe erfolgt in Fußnoten, die nur der Lesbarkeit der Briefe verpflichtet sind. Darüber hinausgehende Angaben erfolgen nur dann, wenn sie zum Verständnis der Werkgeschichte des Autors oder der biographischen Situation von Siegfried Unseld erforderlich sind. Biographische Informationen zu den Briefempfängern oder in den Briefen Genannten befinden sich im Anhang.

Rainer Weiss

Verzeichnis der Briefempfänger

Mit Titel und Jahr der ersten Buchveröffentlichung
in den Verlagen Suhrkamp oder Insel

Adorno, Theodor W. (1903-1969), Minima Moralia, 1951.
Brief 5, 8. April 1959

Bachmann, Ingeborg (1926-1973), Malina, 1971.
Brief 36, 27. März 1973

Beck, Ulrich (1944), Risikogesellschaft.
Auf dem Weg in eine andere Moderne, 1986.
Brief 80, 17. Januar 1995

Becker, Jürgen (1932), Felder, 1964.
Brief 12, 20. Juni 1962

Becker, Jurek (1937-1997), Irreführung der Behörden, 1973.
Brief 46, 17. Februar 1978

Becker, Peter von (1947), Die kopflose Medusa, 1989.
Brief 57, 8. Januar 1982

Beckett, Samuel (1906-1989), Warten auf Godot, 1953.
Brief 25, 16. Dezember 1968

Begley, Louis (1933), Lügen in Zeiten des Krieges, 1994.
Brief 79, 9. November 1994

Berkéwicz, Ulla (1951), Josef stirbt, 1982.
Brief 64, 30. September 1986

Bernhard, Thomas (1931-1989), Frost, 1963.
Brief 29, 15. Juli 1971

Bichsel, Peter (1935), Zur Stadt Paris, 1993.
Brief 75, 4. September 1992

Bloch, Ernst (1885-1977), Das Prinzip Hoffnung, 1959.
Brief 4, 2. Dezember 1958

Blumenberg, Hans (1920-1996), Die kopernikanische Wende, 1965.
Brief 16, 27. April 1965

Brasch, Thomas (1945-2001), Kargo. 32. Versuch auf einem
untergehenden Schiff aus der eigenen Haut zu kommen, 1977.
Brief 44, 14. Januar 1977

Braun, Volker (1939), Vorläufiges, 1966.
 Brief 24, 19. August 1968

Celan, Paul (1920-1970), Atemwende, 1967.
 Brief 21, 6. Januar 1967

Damm, Sigrid (1940), Hg.: Jakob Michael Reinhold Lenz, Werke und Briefe, 1987.
 Brief 70, 27. August 1990
Dedecius, Karl (1921), Überall ist Polen, 1974.
 Brief 41, 6. Januar 1975
Dorst, Tankred (1925), Toller, 1968.
 Brief 45, 5. Januar 1978
Duerr, Hans Peter (1943), Ni Dieu – ni mètre, 1974.
 Brief 49, 26. Oktober 1979
Duras, Marguerite (1914-1996), Die Pferdchen von Tarquinia, 1960.
 Brief 26, 27. Mai 1969

Eich, Günter (1907-1972), Träume, 1953.
 Brief 14, 20. Februar 1963
Elias, Norbert (1897-1990), Über den Prozeß der Zivilisation, 1976
 Brief 50, 7. November 1979
Enzensberger, Hans Magnus (1929), Verteidigung der Wölfe, 1957.
 Brief 3, 25. Juni 1957

Frisch, Max (1911-1991), Tagebuch 1946-1949, 1950.
 Brief 18, 1. Februar 1966

Goetz, Rainald (1954), Irre, 1983.
 Brief 67, 26. August 1988
Grünbein, Durs (1962), Grauzone morgens, 1988.
 Brief 66, 2. August 1988
Gstrein, Norbert (1961), Einer, 1988.
 Brief 81, 7. März 1995

Habermas, Jürgen (1929), Erkenntnis und Interesse, 1968.
 Brief 61, 25. April 1983
Handke, Peter (1942), Die Hornissen, 1966.
 Brief 42, 3. März 1975

Hänny, Reto (1947), Ruch, 1979.
    Brief 63, 25. September 1984
Hauptmann, Elisabeth (1897-1973).
    Brief 23, 20. Dezember 1967
Hein, Christoph (1944), Willenbrock, 2000.
    Brief 88, 20. Juni 2001
Herbert, Zbigniew (1924-1998), Gedichte, 1964.
    Brief 51, 6. Februar 1980
Hesse, Hermann (1877-1962), Das Glasperlenspiel, 1950.
    Brief 1, 31. Dezember 1951
Hildesheimer, Wolfgang (1916-1991), Die Verspätung /
    Lieblose Legenden, 1962.
    Brief 7, 28. Januar 1960
Höllerer, Walter (1922-2003), Transit, 1956.
    Brief 40, 15. August 1974
Hohl, Ludwig (1904-1980), Nächtlicher Weg, 1971.
    Brief 53, 12. September 1980
Huchel, Peter (1903-1981), Erzählte Tage, 1972.
    Brief 33, 10. Juli 1972

Johnson, Uwe (1934-1984), Mutmassungen über Jakob, 1959.
    Brief 6, 13. Juli 1959
Jonas, Hans (1903-1993), Das Prinzip Verantwortung, 1979.
    Brief 69, 22. Dezember 1988

Kasack, Hermann (1896-1966), Das große Netz, 1952.
    Brief 9, 15. Dezember 1960
Kaschnitz, Marie Luise (1901-1974), Beschreibung eines Dorfes, 1966.
    Brief 35, 12. Januar 1973
Kertész, Imre (1929), Der Spurensucher, 2002.
    Brief 87, 28. Juli 2000
Kluge, Alexander (1932), Öffentlichkeit und Erfahrung, 1973.
    Brief 58, 11. Februar 1982
Koeppen, Wolfgang (1906-1996), Jugend, 1976.
    Brief 28, 1. Juni 1971
Konrád, György (1933), Die Intelligenz auf dem Weg zur
    Klassenmacht, 1978.
    Brief 82, 25. September 1995

Krauß, Angela (1950), Das Vergnügen, 1988.
  Brief 68, 10. Oktober 1988
Krolow, Karl (1915-1999), Fremde Körper, 1959.
  Brief 8, 15. November 1960

Lagercrantz, Olof (1911-2002), Versuch über die Lyrik der
  Nelly Sachs, 1967.
  Brief 17, 30. September 1965
Lenz, Hermann (1913-1998), Der Kutscher und der
  Wappenmaler, 1975.
  Brief 43, 14. Juli 1975
Leutenegger, Gertrud (1948), Vorabend, 1975.
  Brief 65, 7. Januar 1987
Luhmann, Niklas (1927-1998), Zweckbegriff und
  Systemrationalität, 1973.
  Brief 30, 16. August 1971

Marcuse, Herbert (1898-1979), Kultur und Gesellschaft, 1965.
  Brief 27, 29. Mai 1969
Mayer, Hans (1907-2002), Anmerkungen zu Brecht, 1965.
  Brief 56, 29. Dezember 1981
Mayröcker, Friederike (1924), Das Licht in der Landschaft, 1975.
  Brief 39, 25. Juli 1974
Meyer, E. Y. (1946), Ein Reisender in Sachen Umsturz, 1972.
  Brief 52, 27. August 1980
Miller, Alice (1923), Das Drama des begabten Kindes, 1979.
  Brief 47, 10. August 1978
Mitscherlich, Alexander (1908-1982), Die Unwirtlichkeit unserer
  Städte, 1965.
  Brief 34, 3. Januar 1973
Mommsen, Katharina (1925), Hg.: Georg Herwegh,
  Literatur und Politik, 1969.
  Brief 55, 15. Juli 1981
Müller, Heiner (1929-1995), Philoktet. Herakles 5, 1966.
  Brief 76, 21. Januar 1993
Muschg, Adolf (1934), Liebesgeschichten, 1972.
  Brief 31, 24. Januar 1972

Nizon, Paul (1929), Canto, 1963.
  Brief 15, 25. April 1963
Nooteboom, Cees (1933), Rituale, 1985.
  Brief 74, 23. Juni 1992
Nossack, Hans Erich (1901-1977), Spätestens im November, 1955.
  Brief 10, 27. März 1962

Oz, Amos (1939), Im Lande Israel, 1984.
  Brief 73, 7. April 1992

Paz, Octavio (1914-1998), Das Labyrinth der Einsamkeit, 1974.
  Brief 71, 31. Oktober 1990
Pedretti, Erica (1930), Harmloses, bitte!, 1970.
  Brief 32, 28. April 1972
Plenzdorf, Ulrich (1934), Die neuen Leiden des jungen W., 1973.
  Brief 37, 27. April 1973

Rakusa, Ilma (1946), Die Insel, 1982.
  Brief 62, 1. Februar 1984
Roth, Patrick (1953), Die Wachsamen, 1990.
  Brief 72, 2. September 1991
Rothmann, Ralf (1953), Messers Schneide, 1986.
  Brief 78, 2. September 1994

Sachs, Nelly (1891-1970), Fahrt ins Staublose, 1961.
  Brief 11, 30. Mai 1962
Schindel, Robert (1944), Ohneland, 1986.
  Brief 77, 4. April 1994
Schleef, Einar (1944-2001), Gertrud, 1980.
  Brief 84, 3. Februar 1998
Scholem, Gershom (1897-1982), Judaica 1, 1963.
  Brief 20, 19. Oktober 1966
Semprun, Jorge (1923), Der zweite Tod des Ramón Mercader, 1974.
  Brief 60, 15. September 1982
Sloterdijk, Peter (1947), Kritik der zynischen Vernunft, 1983.
  Brief 85, 9. März 1998
Steiner, Jörg (1930), Als es noch Grenzen gab, 1976.
  Brief 59, 10. Mai 1982

Sternberger, Dolf (1907-1989), Figuren der Fabel, 1950.
   Brief 38, 29. August 1973

Taubes, Jacob (1923-1987).
   Brief 19, 25. Juli 1966

Vargas Llosa, Mario (1936), Die kleinen Hunde, 1975.
   Brief 54, 11. Mai 1981

Walser, Martin (1927), Ein Flugzeug über dem Haus, 1955.
   Brief 2, 25. August 1953

Weber, Anne (1964), Ida erfindet das Schießpulver, 1999.
   Brief 86, 12. November 1999

Weber, Peter (1968), Der Wettermacher, 1993.
   Brief 83, 14. November 1997

Weiss, Peter (1916-1982), Der Schatten des Körpers des Kutschers, 1960.
   Brief 13, 31. Juli 1962

Weigel, Helene (1900-1971).
   Brief 22, 19. September 1967

Winkler, Josef (1953), Menschenkind, 1979.
   Brief 48, 28. August 1978

Personenregister

Die Zahlen bezeichnen die Briefnummern, kursivierte Nummern zeigen die Nennung in den Anmerkungen an.

Achmatowa, Anna Andrejevna (1889-1966). *41*
Achternbusch, Herbert (1938). 42
Adorno, Theodor W. (1903-1969). 5, 17, 20, *27*
Aichinger, Ilse (1921). 34, 35, *39*
Aischylos (525-456 v. Chr.). *19*
Alberti, Rafael (1902-1999). 8
Arp, Hans (1887/6?/-1966). 8

Bachmann, Ingeborg (1926-1973). 29, 36
Bachmann, Matthias (1895-1973). 36
Balcells, Carmen. 54
Balint, Michael (1896-1970). 34
Balzac, Honoré de (1799-1850). 54
Barnes, Djuna (1892-1982). 7
Barthelme, Donald (1931-1989). *31*
Beck, Ulrich (1944). 80
Becker, Jurek (1937-1997). 46
Becker, Jürgen (1932). 12
Becker, Peter von (1947). 57
Beckett, Samuel (1906-1989). *11*, 25, *45*, 61
Begley, Louis (1933). 79
Beißner, Friedrich (1905-1977). *1*, 2

Benjamin, Walter (1892-1940). 10, 20
Bereska, Henryk (1926). 51
Berkéwicz, Ulla (1951). 57, 64, 70, 71, 73, *78*
Bernhard, Thomas (1931-1989). 29, *39*, 40, 49
Bertaux, Pierre (1907-1986). 61
Bichsel, Peter (1935). *21*, 35, 59, 75
Bigl, Volker (1942). 88
Bloch, Ernst (1885-1977). 4, 27, *38*
Bloch, Karola (1905-1994). 38
Blumenberg, Hans (1920-1996). 16, 85
Boehlich, Walter (1921). 4, 7, 24, 25, 26
Böhmer, Gunter (1911-1986). 1
Bollack, Jean (1923). 61
Böll, Heinrich (1915-1985). 35
Bond, Edward (1934). *47*
Bonniers, Gerald (1917-1988). 17
Borchers, Elisabeth (1926). 44, 57
Botond, Anneliese (1922). *25*, 54
Bourdieu, Pierre (1930-2001). 61
Brasch, Thomas (1945-2001). 44
Braun, Karlheinz (1932). 7, 18, *25*, 26, 57
Braun, Volker (1939). 24
Brecht, Bertolt (1898-1956). 8, *11*, 14, 17, 18, 22, 23, 40, 42
Briel, Dagmar von. *28*

Broch, Hermann (1886-1951). *20*
Buchholz, Horst (1933-2003). *14*
Busch, Günther (1929-1996).
    18, *25, 26*, 50

Carnap, Rudolf (1891-1970). 16
Cayrol, Jean (1911). *21*
Celan, Paul (1920-1970). 21
Cioran, Emile Michel
    (1911-1995). *61*
Cortázar, Julio (1914-1984). *61*

Dahmer, Helmut (1937). 34
Damm, Sigrid (1940). 70
David (1004/03-965/64 v. Chr.).
    69
Dedecius, Karl (1921). *41*, 51
Delling, Manfred. 10
Derrida, Jacques (1930). *61*
Deschner, Karlheinz (1924). 9
Döring, Christian (1954). *81*
Dorst, Tankred (1925). 45
Duchamps, Marcel (1887-1968).
    71
Duerr, Hans Peter (1943). 49
Duras, Marguerite (1914-1996).
    26

Eich, Clemens (1954-1998). 35
Eich, Günter (1907-1972).
    8, 14, 18, 34, 35
Eich, Mirjam (1957). 35
Elias, Norbert (1897-1990). 50
Eliot, Thomas Stearns
    (1888-1965). 7
Enzensberger, Hans Magnus
    (1929). 3, 7, 18

Faes, Urs (1947). *78*
Fellinger, Raimund (1951). *80*
Fleckhaus, Willy (1925-1983). 52
Foucault, Michel (1926-1986). *61*
Franck, Margarete (1904-1981). 6
Fried, Erich (1921-1988). *7*
Friedeburg, Ludwig von (1929).
    27
Frisch, Max (1911-1991).
    9, 11, 14, 18, 34, 35, *46*
Fuchs, Hans Jürgen. 50

Gałczyński, Konstanty Ildefons
    (1905-1953). *41*
García Márquez, Gabriel (1927).
    79
Gay, John (1685-1732). 7
Goethe, Johann Wolfgang
    (1749-1832). 55, 70, 77
Goldschmidt, Georges-Arthur
    (1928). *61*
Goetz, Rainald (1954). 67, *78*
Grass, Günter (1927). 35
Greiner, Ulrich (1945). *28*
Griffith, Hugh (1912-1980). *14*
Grisham, John (1955). 79
Grosche, Hildegard. 28
Grünbein, Durs (1962). 66, *78*
Gstrein, Norbert (1961). *78*, 81
Guggenheimer, Walter Maria
    (1903-1967). *4*
Gysi, Klaus (1912-1999). *4*

Haas, Joseph (1879-1960). *1*
Habermas, Jürgen (1929).
    16, 30, 34, *61*, 74
Habermas, Ute (1930). 34

Handke, Peter (1942). 35, 39, 42, *43*, 49, *86*
Hannum, Hildegarde K. *74*
Hannum, Hunter G. *74*
Hänny, Reto (1947). 63, *78*
Hassan II. von Marokko (1919-1999). *29*
Hauff, Wilhelm (1802-1827). 56
Hauptmann, Elisabeth (1897-1973). 22, 23
Hegel, Georg Wilhelm Friedrich (1770-1831). 56, 60
Heidegger, Martin (1889-1976). 15
Hein, Christoph (1944). 88
Heine, Heinrich (1797-1856). 38
Heinle, Christoph Friedrich (1894-1914). 20
Hendel, Ingrid. 18
Henrich, Dieter (1927). *16*
Herbert, Zbigniew (1924-1998). *41*, 51, 79
Herborth, Friedhelm (1940). 47, 50
Herzog, Roman (1934). 79
Hesse, Hermann (1877-1962). 1, 18, 42, 52
Hesse, Ninon (1895-1966). 1, 20
Hettche, Thomas (1964). *78*
Heuss, Theodor (1844-1963). *38*
Hildesheimer, Wolfgang (1916-1991). 7, 18, 34, 35
Hirsch, Rudolf (1905-1996). *14*
Hoffmann, E. T. A. (1776-1822). 35
Hohl, Ludwig (1904-1980). 46, 53

Höllerer, Walter (1922-2003). 3, 35, 40
Honnefelder, Gottfried (1946). 52, 63
Huchel, Monica (1914). 33
Huchel, Peter (1903-1981). 33, 34, 35

Ionesco, Eugène (1909-1994). *11*
Iry, Catherine 74

Johnson, Uwe (1934-1984). 6, 12, 17, 18, *25*, 29, 34, 35, *78*
Jonas, Hans (1903-1993). 69
Jonas, Lore. 69
Joyce, James (1882-1941). 20

Kafka, Franz (1883-1924). 2, 17
Kasack, Hermann (1896-1966). 9
Kaschnitz, Marie Luise (1901-1974). 35
Kertész, Imre (1929). 87
Kling, Thomas (1957). *78*
Kluge, Alexander (1932). 58
Koeppen, Wolfgang (1906-1996). 7, 18, 28, *34*, 42, 64
König, Traugott (1934). 34, 60
Konrád, György (1933). 82
Kopelew, Lew (1912-1997). *55*
Koschel, Christine (1936). 7
Krauß, Angela (1950). 68
Krohn, Wolfgang. 50
Krolow, Karl, (1915-1999). 8, 35

Lagercrantz, Martina (1921). 17
Lagercrantz, Olof (1911-2002). 17
Langham, Michael. *14*

179

Laroche-Bouvy, Danièlle. *61*
Lec, Stanisław Jerzy (1909-1966). *41*
Lehmann, Wilhelm (1882-1968). 8
Lenz, Hermann (1913-1998). 43, 78
Lestrange, Gisèle (1927-1991). 21, *61*
Leutenegger, Gertrud (1948). 65
Lévi-Strauss, Claude (1927). *61*
Loerke, Oskar (1884-1941). 8, 14
Luhmann, Niklas (1927-1998). 30
Luther, Martin (1483-1546). 69

MacLeish, Archibald, (1892-1982). 8
Manker, Gustav (1913-1988). *14*
Mann, Thomas (1875-1955). 40
Marcus, Steven (1928). 34
Marcuse, Herbert (1898-1979). 27
Marx, Karl (1818-1893). 60
Maurer, Georg (1907-1971). 24
Mayer, Hans (1907-2002). 56, 88
Mayröcker, Friederike (1924). 39
Meiner, Felix (1883-1965). 16
Mensching, Gerhard (1932-1992). 45
Meyer, E. Y. (1946). 52
Meyer, Florica. 52
Meyer, Joachim (1936). *88*
Michel, Karl Markus (1929-2000). 15, 16, *25*, *26*
Michels, Volker (1942). 28
Miller, Alice (1923). 47

Milva, Pseudonym für Maria Ilva Biolcati (1939). 40
Mitscherlich, Alexander (1908-1982). 34
Mitscherlich, Margarete (1917). 34
Molière (1622-1673). 45
Mommsen, Katharina (1925). 55
Mommsen, Momme (1907-2001). 55
Müller, Heiner (1929-1995). 76
Müller-Hanpft, Susanne. *35*
Müller-Schwefe, Hans-Ulrich (1946). 84
Muschg, Adolf (1934). 31, *46*
Muschg, Johanna (1939). 31

Nabbefeld, Herbert (1933). 22
Neff, Dorothea (1903-1986). *14*
Neumeister, Andreas (1959). *78*
Nizon, Paul (1929). 15, 18, *61*, *63*
Nooteboom, Cees (1933). 74
Nossack, Hans Erich (1901-1977). 10
Nowaczyński, Adolf Neuwert (1876-1944). *41*

Ohde, Horst (1935). *35*
Oppenheim, Meret (1913-1985). 52
Oprecht, Hans (1894-1978). 15
Oz, Amos (1939). 73

Palmstierna-Weiss, Gunilla (1929). 13, 34
Paz, Marie José. 71
Paz, Octavio (1914-1998). 71

Pedretti, Erica (1930). 32
Pedretti, Gian (1926). 32
Pender, Malcolm. 52
Philipson, Morris (1926). 74
Phillabaum, Lis. 74
Piron, Johannes. 50
Plenzdorf, Ulrich (1934). 37, 39
Plessner, Helmuth (1892-1985). 46
Podewils, Clemens Graf (1905-1978). 35
Podszus, Friedrich (1877-1971). 2
Politzer, Heinz (1910-1978). 34
Portmann, Adolf (1897-1982). 20
Przybós, Julian (1901-1970). 41

Rakusa, Ilma (1949). 62
Reich-Ranicki, Marcel (1922). 28
Reichert, Klaus (1938). 16, 25
Reinhart, Balthasar (1916). 14
Reinhart, Peter (1907-1988). 14
Rilke, Rainer Maria (1875-1926). 17
Ritzerfeld, Helene (1914-2000). 13, 18, 87
Roth, Patrick (1953). 72, 78
Rothmann, Ralf (1953). 78
Rózewicz, Tadeusz (1921). 41
Rubinstein, Renate (1929-1990). 50
Rychner, Max (1897-1965). 38

Sachs, Nelly (1891-1970). 11, 17
Sassen, Simone (1952). 74
Schafroth, Heinz F. (1932). 35
Schärf, Adolf (1890-1965). 14

Schiller, Friedrich (1759-1805). 55, 56
Schindel, Robert (1944). 77
Schleef, Einar (1944-2001). 84
Schoeller, Wilfried F. (1941). 60
Scholem, Fania (1909-1999). 20
Scholem, Gershom (1897-1982). 20
Scholochow, Michail (1905-1984). 17
Schröder, Rudolf Alexander (1878-1962). 84
Schuh, Oscar Fritz (1904-1984). 7
Schwitzke, Heinz (1908-1991). 35
Semprun, Jorge (1923). 60, 61
Seneca, Lucius Annaeus (um 4 v. Chr.-65 n. Chr.). 76
Shaw, George Bernard (1856-1950). 18
Sheridan, Richard Brinsley (1751-1816). 7
Sieburg, Friedrich (1893-1964). 9
Sistig, Alfred Erich (1909). 7
Sloterdijk, Peter (1947). 85
Spengler, Tilman (1947). 50
Steiner, Jörg (1930). 21, 35, 59, 86
Sternberger, Dolf (1907-1989). 38
Sternberger, Ilse (1900-1992). 38
Storch, Wolfgang (1943). 44
Strausfeld, Mechthild ›Michi‹ (1945). 71
Suhrkamp, Peter (1891-1959). 1, 2, 3, 4, 5, 16, 64
Streeruwitz, Marlene (1950). 78
Svensson. 17

Taubes, Jacob (1923-1987). *16*, 19
Teichmann, Hans-Dieter (1935). *25*
Thomas, Dylan (1914-1953). *11*
Tiefensee, Wolfgang (1955). *88*
Tophoven, Elmar (1923-1989). *61*
Tophoven, Erika. *61*
Treichel, Hans Ulrich (1952). *28*

Unseld, Hildegard, geb. Schmid (1922-1995). *1, 11, 17, 23, 32, 34, 40, 49*
Unseld, Joachim (1953). *11, 23, 32, 34, 67*
Unseld, Ludwig (1896-1952). *1, 36*
Urban, Peter (1941). *25*
Utermöhlen, Ulla. *18*

Vargas Llosa, Mario (1936). 54

Walser, Martin (1927). 2, 9, 18, 21, 26, 29, 46, 75
Walter, Otto F. (1928-1994). 21

Weber, Anne (1964). *86*
Weber, Peter (1968). *83*
Weidenbaum, Inge von. *7*
Weigel, Helene (1900-1971). 22
Weischedel, Wilhelm (1905-1975). *1*
Weiss, Nadja (1973). 34
Weiss, Rainer (1949). *75, 80*
Weiss, Peter (1916-1982). *13, 26, 34*
Weizsäcker von, Richard (1920). *71*
Wenger, Ruth (1897-1994). *52*
Widmer, Urs (1938). *25*
Willson, Jeanne. *55*
Willson, Leslie A. (1923). *55*
Winkler, Josef (1953). *48, 78*
Wittkopf, Rudolf (1933). *71*
Wolf, Christa (1929). *88*
Wolfe, Thomas (1900-1938). *10*
Wysling, Hans (1926). 52

Zeeh, Burgel (1937). 47
Zeller, Eugen (1871-1953). *1*
Zola, Émile (1840-1902). *19*

Inhalt

Briefe an die Autoren
5

Anhang

Nachwort
163
Editorische Notiz
168
Verzeichnis der Briefempfänger
171
Personenregister
177

Bibliothek Suhrkamp

Verzeichnis der letzten Nummern

1339 Jorge Semprun, Die Ohnmacht
1340 Marina Zwetajewa, Versuch, eifersüchtig zu sein
1341 Hermann Hesse, Der Zauberer
1342 Hermann Broch, Hofmannsthal und seine Zeit
1343 Bertolt Brecht, Kalendergeschichten
1344 Odysseas Elytis, Oxópetra / Westlich der Trauer
1345 Hermann Hesse, Peter Camenzind
1346 Franz Kafka, Strafen
1347 Amos Oz, Sumchi
1348 Stefan Zweig, Schachnovelle
1349 Ivo Andrić, Der verdammte Hof
1350 Rudolf Borchardts Leben von ihm selbst erzählt
1351 André Breton, Nadja
1352 Ted Hughes, Etwas muß bleiben
1353 Arno Schmidt, Das steinerne Herz
1354 José María Arguedas, Diamanten und Feuersteine
1355 Thomas Brasch, Vor den Vätern sterben die Söhne
1356 Federico García Lorca, Zigeunerromanzen
1357 Imre Kertész, Der Spurensucher
1358 István Örkény, Minutennovellen
1359 Josef Winkler, Natura morta
1360 Giorgio Agamben, Idee der Prosa
1361 Alfredo Bryce Echenique, Ein Frosch in der Wüste
1363 Ted Hughes, Birthday Letters
1364 Ralf Rothmann, Stier
1365 Arno Schmidt, Seelandschaft mit Pocahontas
1366 Bertolt Brecht, Geschichten vom Herrn Keuner
1367 M. Blecher, Aus der unmittelbaren Unwirklichkeit
1368 Joseph Conrad, Ein Lächeln des Glücks
1369 Christoph Hein, Der Ort. Das Jahrhundert
1370 Gertrud Kolmar, Die jüdische Mutter
1371 Hermann Lenz, Vielleicht lebst du weiter im Stein
1372 Ludwig Wittgenstein, Philosophische Untersuchungen
1373 Thomas Brasch, Der schöne 27. September
1374 Péter Esterházy, Die Hilfsverben des Herzens
1375 Stanislaus Joyce, Meines Bruders Hüter
1376 Yasunari Kawabata, Land des Schnees
1377 Heiner Müller, Germania
1378 Du kamst, Vogel, Herz, im Flug; Spanische Lyrik
1379 Giorgio Agamben, Kindheit und Geschichte
1380 Louis Begley, Lügen in Zeiten des Krieges
1381 Alejo Carpentier, Das Reich von dieser Welt
1382 Nagib Machfus, Das Hausboot am Nil
1383 Guillermo Rosales, Boarding Home
1384 Siegfried Unseld, Briefe an die Autoren

Bibliothek Suhrkamp
Alphabetisches Verzeichnis

Achmatowa: Gedichte 983
Adorno: Minima Moralia 236
Agamben: Idee der Prosa 1360
– Kindheit und Geschichte 1379
Agnon: Der Verstoßene 990
– Buch der Taten 1276
– Liebe und Trennung 1293
Aiken: Fremder Mond 1014
Aitmatow: Der weiße Dampfer 1198
– Dshamilja 315
Alain: Das Glück ist hochherzig 949
– Die Pflicht, glücklich zu sein 470
Alain-Fournier: Jugendbildnis 23
Alberti: Zu Lande zu Wasser 60
– Der verlorene Hain 1270
Anderson: Winesburg, Ohio 1330
Anderson/Stein: Briefwechsel 874
Andrić: Der verdammte Hof 1349
Aragon: Der Pariser Bauer 1213
– Libertinage 1072
Arguedas: Diamanten und
  Feuersteine 1354

Bachmann: Malina 534
Ball: Kritik der deutschen Intelligenz 690
Barnes: Nachtgewächs 293
Barthes: Die Lust am Text 378
Becker, Jürgen: Beispielsweise am
  Wannsee 1112
Becker, Jurek: Bronsteins Kinder 1253
– Der Boxer 1045
– Jakob der Lügner 510
Beckett: Das letzte Band/Krapp's Last
  Tape/La dernière bande 1211
– Der Ausgestoßene 1163
– Der Verwaiser/Le dépeupleur/
  The Lost Ones 1027
– Endspiel/Fin de partie/Endgame 1224
– Erste Liebe/Premier amour 277
– Erzählungen und Texte um Nichts 82
– Gesellschaft 800
– Mehr Prügel als Flügel 1000
– Warten auf Godot 1040
Begley: Lügen in Zeiten des Krieges 1380

Benet: Der Turmbau zu Babel 1154
– Ein Grabmal/Numa 1026
Benjamin: Berliner Kindheit um
  neunzehnhundert 966
– Einbahnstraße 27
– Sonette 876
Bernhard: Alte Meister 1120
– Amras 489
– Beton 857
– Das Kalkwerk 1320
– Der Theatermacher 870
– Der Untergeher 899
– Die Macht der Gewohnheit 415
– Heldenplatz 997
– Holzfällen 927
– Verstörung 229
– Wittgensteins Neffe 788
Bichsel: Der Busant 1282
– Eigentlich möchte Frau Blum
  den Milchmann kennenlernen 1125
– Zur Stadt Paris 1179
Bierce: Mein Lieblingsmord 1205
Bioy Casares: Abenteuer eines
  Fotografen in La Plata 1188
– Ein schwankender Champion 1258
Blecher: Aus der unmittelbaren
  Unwirklichkeit 1367
Blixen: Ehrengard 917
– Moderne Ehe 886
Bloch: Erbschaft dieser Zeit 388
– Spuren. Erweiterte Ausgabe 54
– Zur Philosophie der Musik 398
Blok: Gedichte 1052
Blumenberg: Begriffe in Geschichten 1303
– Die Sorge geht über den Fluß 965
– Löwen 1336
– Matthäuspassion 998
– Schiffbruch mit Zuschauer 1263
Borchardt: Ausgewählte Gedichte 213
– Rudolf Borchardts Leben von ihm
  selbst erzählt 1350
Born: Gedichte 1042
Bouchet, du: Vakante Glut/Dans
  la chaleur vacante 1021

Bove: Armand 792
– Bécon-les-Bruyères 872
– Die Falle 1174
– Meine Freunde 744
Bowles: Zu fern der Heimat 1257
Brandys: Die Art zu leben 1036
Brasch: Der schöne 27. September 1373
– Vor den Vätern sterben die Söhne 1355
Braun: Die Unvollendete Geschichte
  und ihr Ende 1277
– Unvollendete Geschichte 648
Brecht: Die Dreigroschenoper 1155
– Dialoge aus dem Messingkauf 140
– Flüchtlingsgespräche 1274
– Furcht und Elend des III. Reiches 1271
– Gedichte über die Liebe 1161
– Gedichte und Lieder 33
– Geschichten vom Herrn Keuner 1366
– Hauspostille 4
– Kalendergeschichten 1343
– Me-ti, Buch der Wendungen 228
– Schriften zum Theater 41
Breton: L'Amour fou 435
– Nadja 1351
Broch: Demeter 199
– Die Erzählung der Magd Zerline 204
– Esch oder die Anarchie 157
– Hofmannsthal und seine Zeit 1342
– Huguenau oder die Sachlichkeit 187
Brodsky: Haltestelle in der Wüste 1266
Bryce Echenique: Ein Frosch in der
  Wüste 1361
Bufalino: Der Ingenieur von Babel 1107
– Die Lügen der Nacht 1130
– Klare Verhältnisse 1202
Bunin: Mitjas Liebe 841
Butor: Die Wörter in der Malerei 1093
Byatt: Zucker 1194

Cage: Silence 1193
Camus: Die Pest 771
Capote: Die Grasharfe 62
Carossa: Ausgewählte Gedichte 596
– Ein Tag im Spätsommer 1947 649
– Führung und Geleit 688
Carpentier: Barockkonzert 508
– Das Reich von dieser Welt 1381
– Die Hetzjagd 1041
Castellanos: Die Tugend der Frauen
  von Comitán 1296

Celan: Der Meridian und andere Prosa 485
– Gedichte I 412
– Gedichte II 413
– Lichtzwang 1143
– Schneepart 1250
Ceronetti: Schweigen des Körpers 810
Char: Lob einer Verdächtigen/Éloge
  d'une Soupçonnée 1023
Christensen: Das gemalte Zimmer 1218
– Das Schmetterlingstal 1295
Cioran: Leidenschaftlicher Leitfaden 1273
– Über das reaktionäre Denken 643
Claus: Jakobs Verlangen 1209
Colomb: Zeit der Engel 1016
Conrad: Ein Lächeln des Glücks 1368
– Falk 1235
– Herz der Finsternis 1088
– Jugend 386
Consolo: Die Wunde im April 977
Cortázar: Andrés Favas Tagebuch 1319
– Der Verfolger 999
Crevel: Der schwierige Tod 987
– Seid Ihr verrückt? 1083
Cunqueiro: Chroniken des Kantors 1217

Dagerman: Deutscher Herbst 924
Dalos: Die Beschneidung 1251
Depestre: Hadriana in all meinen
  Träumen 1252
Derrida / Montaigne: Über die
  Freundschaft 1331
Döblin: Berlin Alexanderplatz 451
Dorst: Fernando Krapp hat mir
  diesen Brief geschrieben 1158
– Klaras Mutter 1031
Dürrenmatt: Die Ehe des Herrn
  Mississippi 1203
Du kamst, Vogel, Herz, im Flug;
  Spanische Lyrik der Gegenwart 1378
Dumézil: Der schwarze Mönch in
  Varennes 1017
Duras: Aurelia Steiner 1006
– Der Liebhaber 967
– Im Sommer abends um halb elf 1087
Durrell: Das Lächeln des Tao 1240

Eça de Queiroz: Der Mandarin 956
Ehrenburg: Die ungewöhnlichen
  Abenteuer des Julio Jurenito 455

Eich: Gedichte 368
- Gesammelte Maulwürfe 312
- Träume 16
Eliade: Auf der Mântuleasa-Straße 328
- Neunzehn Rosen 676
Elias: Mozart 1071
- Über die Einsamkeit der Sterbenden 772
Eliot: Old Possums Katzenbuch 10
- Das wüste Land 425
Ellmann: Vier Dubliner – Wilde, Yeats, Joyce und Beckett 1131
Elsschot: Villa des Roses 1121
Elytis: Neue Gedichte 843
- Oxópetra / Westlich der Trauer 1344
Enzensberger: Kiosk 1256
- Mausoleum 602
- Verteidigung der Wölfe 711
Esterházy: Hilfsverben des Herzens 1374

Farrochsad: Jene Tage 1128
Federspiel: Museum des Hasses 1050
- Die Ballade von der Typhoid Mary 942
Fleißer: Abenteuer aus dem Englischen Garten 223
- Das Mädchen Yella 1109
- Die List 1247
- Ein Pfund Orangen 375
Foucault: Die Hoffräulein 1214
Frame: Wenn Eulen schrein 991
Frisch: Andorra 101
- Biedermann und die Brandstifter 1075
- Bin oder die Reise nach Peking 8
- Biografie: Ein Spiel 225
- Biografie: Ein Spiel, Neue Fassung 873
- Blaubart 882
- Fragebogen 1095
- Homo faber 87
- Montauk 581
- Tagebuch 1966-1971 1015
Fuentes: Der alte Gringo 1284

Gadamer: Über die Verborgenheit der Gesundheit 1135
- Wer bin Ich und wer bist Du? 352
Gadda: An einen brüderlichen Freund 1061
- Die Liebe zur Mechanik 1096
García Lorca: Diwan des Tamarit / Diván del Tamarit 1047
- Zigeunerromanzen 1356

Golléri: Budapest und andere Prosa 237
Giraudoux: Eglantine 19
Goytisolo: Rückforderung des Conde don Julián 1187
Grass: Katz und Maus 1332
Graves: Der Schrei 1292
- Das kühle Netz / The Cool Web 1032
Guttmann: Das alte Ohr 614
Guimarães: Doralda, die weiße Lilie 775

Habermas: Vom sinnlichen Eindruck zum symbolischen Ausdruck 1233
Handke: Die Angst des Tormanns beim Elfmeter 612
- Die Stunde da wir nichts voneinander wußten 1173
- Die Stunde der wahren Empfindung 773
- Die Wiederholung 1001
- Drei Versuche 1300
- Gedicht an die Dauer 930
- Phantasien der Wiederholung 1230
- Wunschloses Unglück 834
Hauptmann: Das Meerwunder 1025
Hedayat: Die blinde Eule 1248
Hein: Der Ort. Das Jahrhundert 1369
Hemingway: Der alte Mann und das Meer 214
Herbert: Ein Barbar in einem Garten 536
- Inschrift 384
- Herr Cogito 416
- Opfer der Könige 1311
- Stilleben mit Kandare 1228
Hermlin: Der Leutnant Yorck von Wartenburg 381
Hesse: Demian 95
- Eigensinn 353
- Glück 344
- Klingsors letzter Sommer 608
- Knulp 75
- Krisis 747
- Legenden 472
- Mein Glaube 300
- Morgenlandfahrt 1
- Musik 1142
- Narziß und Goldmund 65
- Peter Camenzind 244
- Politische Betrachtungen 244
- Siddhartha 227
- Steppenwolf 869
- Stufen 342

- Unterm Rad 981
- Wanderung 444
- Zauberer 1341
Hessel: Heimliches Berlin 758
- Pariser Romanze 877
Hildesheimer: Biosphärenklänge 533
- Exerzitien mit Papst Johannes 647
- Lieblose Legenden 84
- Mitteilungen an Max über den Stand der Dinge und anderes 1100
- Mozart 1136
- Vergebliche Aufzeichnungen 516
Hofmannsthal: Buch der Freunde 626
- Gedichte und kleine Dramen 174
Hohl: Bergfahrt 624
Horváth: Jugend ohne Gott 947
Hrabal: Die Katze Autitschko 1097
- Ein Heft ungeteilter Aufmerksamkeit 1241
- Leben ohne Smoking 1124
- Reise nach Sondervorschrift 1157
- Sanfte Barbaren 916
- Schneeglöckchenfeste 715
- Tanzstunden für Erwachsene und Fortgeschrittene 548
Huch: Der letzte Sommer 545
Huchel: Gedichte 1018
- Die neunte Stunde 891
Hughes: Birthday Letters 1363
- Etwas muß bleiben 1352

Ibargüengoitia: Augustblitze 1104
- Abendstunden in der Provinz 1316
- Die toten Frauen 1059
Inoue: Das Jagdgewehr 137
- Die Berg-Azaleen auf dem Hira-Gipfel 666
- Schwarze Flut 1334
- Shirobamba 1279
Isherwood: Praterveilchen 1287

Jahnn: Die Nacht aus Blei 1318
- 13 nicht geheure Geschichten 1301
Johnson: Mutmassungen über Jakob 723
- Skizze eines Verunglückten 785
Jokl: Essenzen 1259
Jonas: Das Prinzip Verantwortung 1005
- Gedanken über Gott 1160
Jouve: Paulina 1880 271

Joyce, James: Anna Livia Plurabelle 253
- Briefe an Nora 280
- Die Toten / The Dead 512
- Dubliner 418
- Giacomo Joyce 240
- Porträt des Künstlers als junger Mann 350
- Stephen der Held 338
- Verbannte 217
Joyce, Stanislaus: Meines Bruders Hüter 1375

Kästner, Erhart: Aufstand der Dinge 476
- Die Lerchenschule 1242
- Zeltbuch von Tumilat 382
Kästner, Erich: Gedichte 677
Kafka: Betrachtung 1239
- Der Heizer 464
- Die Verwandlung 351
- Strafen 1346
Kasack: Die Stadt hinter dem Strom 296
Kaschnitz: Beschreibung eines Dorfes 645
- Gedichte 436
Kavafis: Gefärbtes Glas 1337
- Um zu bleiben 1020
Kawabata: Land des Schnees 1376
- Träume im Kristall 383
Kawerin: Das Ende einer Bande 332
- Vor dem Spiegel 1298
Kertész: Der Spurensucher 1357
Kim: Der Lotos 922
Kiš: Garten, Asche 878
Kluge: Lebensläufe 911
Koch: Altes Kloster 1106
Koeppen: Das Treibhaus 659
- Der Tod in Rom 914
- Die Jawang-Gesellschaft 1338
- Eine unglückliche Liebe 1085
- Ich bin gern in Venedig warum 1208
- Jugend 500
- Tauben im Gras 393
Kolb: Daphne Herbst 1245
Kolmar: Die jüdische Mutter 1370
- Gedichte 815
- Susanna 1199
- Welten 1309
Konrád: Heimkehr 1281
Kraus: Die Sprache 1244
- Die letzten Tage der Menschheit 1091

Krolow: Fremde Körper 52
- Meine Gedichte 1037
Krüger: Das zerbrochene Haus 1066
Kyrklund: Vom Guten 1076

Langgässer: Das Labyrinth 1176
Larbaud: Fermina Márquez 654
Lasker-Schüler: Arthur Aronymus 1002
- Der Prinz von Theben 1226
- In Theben geboren 1275
- Mein Herz 520
Lavant: Gedichte 970
Lawrence: Auferstehungsgeschichte 589
- Der Mann, der Inseln liebte 1044
Ledig: Die Stalinorgel 1333
le Fort: Das fremde Kind 1280
Leiris: Mannesalter 427
Lem: Robotermärchen 366
Lenz, Hermann: Der Kutscher und der Wappenmaler 428
- Die Augen eines Dieners 1264
- Spiegelhütte 1323
- Vielleicht lebst du weiter im Stein 1371
Lévi-Strauss: Mythos und Bedeutung 1197
Lispector: Die Nachahmung der Rose 781
- Wo warst du in der Nacht 1234

Maass: Die unwiederbringliche Zeit 866
Machfus: Das Hausboot am Nil 1382
Mandelstam: Reise nach Armenien 801
Mann, Thomas: Schriften zur Politik 243
Mansfield: Meistererzählungen 811
Mayer, Hans: Ansichten von Deutschland 984
- Der Weg Heinrich Heines 1283
- Frisch und Dürrenmatt 1098
- Reden über Deutschland 1216
- Versuche über Schiller 945
Mayröcker: Benachbarte Metalle 1304
- Das Herzzerreißende der Dinge 1048
- Reise durch die Nacht 923
Meier: Land der Winde 1268
Mendoza: Das Jahr der Sintflut 1243
Michaux: Ein gewisser Plume 902
Miller: Das Lächeln am Fuße der Leiter 198
Minder: Wozu Literatur? 275
Mitscherlich: Die Idee des Friedens und die menschliche Aggressivität 233
Modiano: Eine Jugend 995
Montherlant: Die Junggesellen 805

Morselli: Dissipatio humani generis oder Die Einsamkeit 1117
Müller, Heiner: Germania 1377
- Ende der Handschrift 1335
Mulisch: Das steinerne Brautbett 1192
Muschg: Dreizehn Briefe Mijnheers 920
- Leib und Leben 880
- Liebesgeschichten 727
- Noch ein Wunsch 1127
Mutis: Die letzte Fahrt des Tramp Steamer 1329

Nabokov: Pnin 1289
Neruda: Gedichte 99
Nijhoff: Stunde X 859
Nizon: Canto 1116
- Das Jahr der Liebe 845
- Untertauchen 1328
Nooteboom: Das Gesicht des Auges/ Het gezicht van het oog 1223
- Buddha hinter dem Bretterzaun 1189
- Der Ritter ist gestorben 1286
- Die folgende Geschichte 1141
- Ein Lied von Schein und Sein 1024
Nossack: Der Untergang 523
- Spätestens im November 331
- Um es kurz zu machen 1265
- Unmögliche Beweisaufnahme 49

O'Brien: Aus Dalkeys Archiven 623
Ocampo: Die Furie und andere Geschichten 1051
Ōe: Der Tag, an dem Er selbst mir die Tränen abgewischt 396
Örkény: Minutennovellen 1358
Ōgai Mori: Die Tänzerin 1159
O'Kelly: Das Grab des Webers 177
Ollier: Bildstörung 1069
Onetti: Abschiede 1175
- Der Schacht 1007
- Grab einer Namenlosen 976
- Magda 1262
- Wenn es nicht mehr wichtig ist 1299
Oz: Herr Levi 1206
- Sumchi 1347

Palinurus: Das Grab ohne Frieden 11
Pasternak: Die Geschichte einer Kontra-Oktave 456
- Initialen der Leidenschaft 299

Paulhan: Der beflissene Soldat 1182
Pavese: Der schöne Sommer 1238
– Der Teufel auf dem Hügel 1255
– Die einsamen Frauen 1227
– Junger Mond 111
Paz: Das Labyrinth der Einsamkeit 404
– Der sprachgelehrte Affe 530
– Die doppelte Flamme 1200
– Im Lichte Indiens 1308
Penzoldt: Der arme Chatterton 1064
– Prosa eines Liebenden 78
– Squirrel 46
Percy: Der Kinogeher 903
Pérez Galdós: Miau 814
Pieyre de Mandiargues: Schwelende Glut 507
Pilnjak: Das nackte Jahr 746
Pinget: Passacaglia 1084
Plath: Ariel 380
– Die Glasglocke 1221
Plenzdorf: Die neuen Leiden des jungen W. 1028
Ponge: Das Notizbuch vom Kiefernwald und La Mounine 774
– Texte zur Kunst 1030
Proust: Combray 1321
– Briefwechsel mit der Mutter 239
– Eine Liebe Swanns 1185
– Freuden und Tage 1297

Queiroz: Das Jahr 15 595
Queneau: Heiliger Bimbam 951
– Stilübungen 1053

Radiguet: Den Teufel im Leib 147
Ramos: Angst 570
Remisow: Die Geräusche der Stadt 1204
– Gang auf Simsen 1080
Reve: Der vierte Mann 1132
Rilke: Ausgewählte Gedichte 184
– Briefe an einen jungen Dichter 1022
– Bücher. Theater. Kunst 1068
– Das Testament 414
– Die Aufzeichnungen des Malte Laurids Brigge 343
– Duineser Elegien 468
– Mitten im Lesen schreib ich Dir 1291
Ritsos: Gedichte 1077
Roa Bastos: Die Nacht des Admirals 1314

Robbe-Grillet: Der Augenzeuge 931
– Die blaue Villa in Hongkong 1169
Rodoreda: Aloma 1056
– Auf der Plaça del Diamant 1133
– Der Fluß und das Boot 919
Rosales: Boarding Home 1383
Rose aus Asche: Gedichte 734
Rosenzweig: Der Stern der Erlösung 973
Rothmann: Stier 1364
Rühmkorf: Lethe mit Schuß 1285
Rulfo: Der Llano in Flammen 504
– Pedro Páramo 434

Sá-Carneiro: Lúcios Bekenntnis 1267
Sachs: Gedichte 549
Salinas: Gedichte 1049
Sanguineti: Capriccio italiano 1312
Savinio: Kindheit des Nivasio Dolcemare 1168
– Tragödie der Kindheit 1310
Schmidt, Arno: Das steinerne Herz 1353
– Seelandschaft mit Pocahontas 1365
Scholem: Judaica 1 106
– Judaica 2 263
– Judaica 3 333
– Judaica 4 831
– Judaica 5 1111
– Judaica 6 1269
– Walter Benjamin – die Geschichte einer Freundschaft 467
Schröder: Der Wanderer und die Heimat 3
Seelig: Wanderungen mit Robert Walser 554
Seferis: Poesie 962
– Sechs Nächte auf der Akropolis 1147
Semprun: Die Ohnmacht 1339
Sender: Der König und die Königin 305
Shaw: Die Abenteuer des schwarzen Mädchens auf der suche nach Gott 1029
– Die heilige Johanna 295
– Ein Wagner-Brevier 337
– Frau Warrens Beruf 918
Simenon: Der Mörder 1232
– Der Präsident 679
Simon: Das Seil 134
– Die Akazie 1302
Slauerhoff: Christus in Guadalajara 1278
Sokolow: Die Schule der Dummen 1123
Solschenizyn: Matrjonas Hof 324

Stein: Erzählen 278
- Paris Frankreich 452
- Q.E.D. 1055
- Zarte Knöpfe/Tender Buttons 1215
- /Anderson: Briefwechsel 874
Steiner: Schnee bis in die Niederungen 1070
Sternberger: Figuren der Fabel 1054
Strauß: Gedankenfluchten 1326
Suhrkamp: Briefe an die Autoren 100
- Der Leser 55
- Munderloh 37
Svevo: Ein Mann wird älter 301
Szymborska: Deshalb leben wir 697

Tomasi di Lampedusa: Die Sirene 1246
Trakl: Gedichte 420

Ullmann: Ausgewählte Erzählungen 651
Undset: Das glückliche Alter 1325
Unseld: Briefe an die Autoren 1384
Ungaretti: Gedichte 70
- Das verheißene Land 1261
Updike: Der weite Weg zu zweit 1231

Valéry: Leonardo da Vinci 1306
- Monsieur Teste 1191
- Tanz, Zeichnung und Degas 6
- Windstriche 1172
- Zur Theorie der Dichtkunst 474

Waginow: Auf der Suche nach dem Gesang der Nachtigall 1094
Walser, Martin: Ein fliehendes Pferd 819
- Meßmers Gedanken 946
- Ohne einander 1181
- Selbstbewußtsein und Ironie 1222

Walser, Robert: Der Spaziergang 593
- Geschwister Tanner 450
- Jakob von Gunten 515
- Poetenleben 986
Wedekind: Lulu – Die Büchse der Pandora 1315
Weiß, Ernst: Der Augenzeuge 1307
- Jarmila 1288
Weiss, Peter: Abschied von den Eltern 700
- Das Gespräch der drei Gehenden 1219
- Der Schatten des Körpers des Kutschers 585
- Fluchtpunkt 797
Weöres: Der von Ungern 1063
Williams: Die Worte, die Worte 76
Winkler: Natura morta 1359
Wittgenstein: Logisch-philosophische Abhandlung 1322
- Philosophische Untersuchungen 1372
- Über Gewißheit 250
Wolfe: Der verlorene Knabe 1272
Woolf: Die Wellen 1237

Yacine: Nedschma 116
Yeats: Die geheime Rose 433
Yishar: Ein arabisches Dorf 1305

Zweig: Monotonisierung der Welt 493
- Schachnovelle 1348
Zwetajewa: Auf eigenen Wegen 953
- Ein Abend nicht von dieser Welt 1317
- Ein gefangener Geist 1009
- Mutter und die Musik 941
- Phoenix 1057
- Versuch, eifersüchtig zu sein 1340